プリント形式のリアル過去問で本番の臨場感！

静岡県

静岡北中学校

2025年春受験用

解答集

本書は，実物をなるべくそのままに，プリント形式で年度ごとに収録しています。
問題用紙を教科別に分けて使うことができるので，本番さながらの演習ができます。

■ 収録内容

・解答集(この冊子です)

書籍ＩＤ番号，この問題集の使い方，最新年度実物データ，リアル過去問の活用，
解答例と解説，ご使用にあたってのお願い・ご注意，お問い合わせ

・2024(令和６)年度 ～ 2021(令和３)年度　学力検査問題

○は収録あり　年度	'24	'23	'22	'21		
■ 問題(前期)	○	○	○	○		
■ 解答用紙(算数は書き込み式)	○	○	○	○		
■ 配点						

算数に解説があります

注)国語問題文非掲載:2021年度の八

問題文の非掲載につきまして

著作権上の都合により，本書に収録している過去入試問題の本文の一部を掲載しておりません。ご不便をおかけし，誠に申し訳ございません。

本文の一部を掲載できなかったことによる国語の演習不足を補うため，論説文および小説文の演習問題のダウンロード付録があります。弊社ウェブサイトから書籍ＩＤ番号を入力してご利用ください。

なお，問題の量，形式，難易度などの傾向が，実際の入試問題と一致しない場合があります。

教英出版

JN132054

■ 書籍ＩＤ番号

入試に役立つダウンロード付録や学校情報などを随時更新して掲載しています。
教英出版ウェブサイトの「ご購入者様のページ」画面で，書籍ＩＤ番号を入力してご利用ください。

書籍ＩＤ番号　115418

（有効期限：2025年9月30日まで）

【入試に役立つダウンロード付録】
「要点のまとめ（国語／算数）」
「課題作文演習」ほか

■ この問題集の使い方

年度ごとにプリント形式で収録しています。針を外して教科ごとに分けて使用します。①片側，②中央のどちらかでとじてありますので，下図を参考に，問題用紙と解答用紙に分けて準備をしましょう（解答用紙がない場合もあります）。

針を外すときは，けがをしないように十分注意してください。また，針を外すと紛失しやすくなりますので気をつけましょう。

① 片側でとじてあるもの

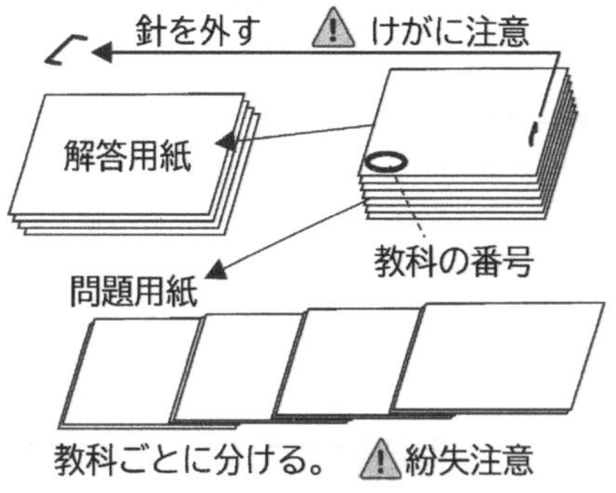

② 中央でとじてあるもの

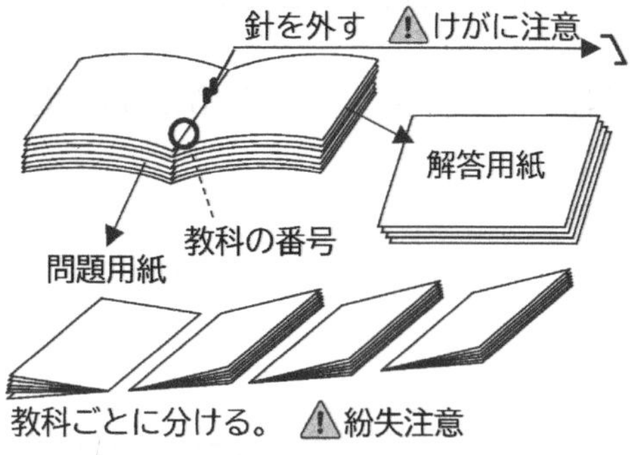

※教科数が上図と異なる場合があります。
解答用紙がない場合や，問題と一体になっている場合があります。
教科の番号は，教科ごとに分けるときの参考にしてください。

■ 最新年度 実物データ

実物をなるべくそのままに編集していますが，収録の都合上，実際の試験問題とは異なる場合があります。実物のサイズ，様式は右表で確認してください。

問題用紙	国語：Ａ４冊子（二つ折り） 算数：Ａ３片面プリント（書込み式）
解答用紙	Ａ３片面プリント

リアル過去問の活用

～リアル過去問なら入試本番で力を発揮することができる～

✿ 本番を体験しよう！

問題用紙の形式（縦向き／横向き），問題の配置や余白など，実物に近い紙面構成なので本番の臨場感が味わえます。まずはパラパラとめくって眺めてみてください。「これが志望校の入試問題なんだ！」と思えば入試に向けて気持ちが高まることでしょう。

✿ 入試を知ろう！

同じ教科の過去数年分の問題紙面を並べて，見比べてみましょう。

① 問題の量

毎年同じ大問数か，年によって違うのか，また全体の問題量はどのくらいか知っておきましょう。どのくらいのスピードで解けば時間内に終わるのか，大問ひとつにかけられる時間を計算してみましょう。

② 出題分野

よく出題されている分野とそうでない分野を見つけましょう。同じような問題が過去にも出題されていることに気がつくはずです。

③ 出題順序

得意な分野が毎年同じ大問番号で出題されていると分かれば，本番で取りこぼさないように先回りして解答することができるでしょう。

④ 解答方法

記述式か選択式か（マークシートか），見ておきましょう。記述式なら，単位まで書く必要があるかどうか，文字数はどのくらいかなど，細かいところまでチェックしておきましょう。計算過程を書く必要があるかどうかも重要です。

⑤ 問題の難易度

必ず正解したい基本問題，条件や指示の読み間違いといったケアレスミスに気をつけたい問題，後回しにしたほうがいい問題などをチェックしておきましょう。

✿ 問題を解こう！

志望校の入試傾向をつかんだら，問題を何度も解いていきましょう。ほかにも問題文の独特な言いまわしや，その学校独自の答え方を発見できることもあるでしょう。オリンピックや環境問題など，話題になった出来事を毎年出題する学校だと分かれば，日頃のニュースの見かたも変わってきます。

こうして志望校の入試傾向を知り対策を立てることこそが，過去問を解く最大の理由なのです。

✿ 実力を知ろう！

過去問を解くにあたって，得点はそれほど重要ではありません。大切なのは，志望校の過去問演習を通して，苦手な教科，苦手な分野を知ることです。苦手な教科，分野が分かったら，教科書や参考書に戻って重点的に学習する時間をつくりましょう。今の自分の実力を知れば，入試本番までの勉強の道すじが見えてきます。

✿ 試験に慣れよう！

入試では時間配分も重要です。本番で時間が足りなくなってあわてないように，リアル過去問で実戦演習をして，時間配分や出題パターンに慣れておきましょう。教科ごとに気持ちを切り替える練習もしておきましょう。

✿ 心を整えよう！

入試は誰でも緊張するものです。入試前日になったら，演習をやり尽くしたリアル過去問の表紙を眺めてみましょう。問題の内容を見る必要はもうありません。どんな形式だったかな？受験番号や氏名はどこに書くのかな？…ほんの少し見ておくだけでも，志望校の入試に向けて心の準備が整うことでしょう。

そして入試本番では，見慣れた問題紙面が緊張した心を落ち着かせてくれるはずです。

※まれに入試形式を変更する学校もありますが，条件はほかの受験生も同じです。心を整えてあせらずに問題に取りかかりましょう。

2024 解答例 令和6年度 静岡北中学校

《国　語》

一　1．ふんき　2．へいれつ　3．ばんめし　4．はたら
5．ねんがん　6．はくらん

二　1．**沿岸**　2．**革新**　3．**映**　4．**営業**　5．**誤り**
6．**仮病**

三　右図

四　①エ　②イ　③ウ　④ア

五　問一．関東から西日本(にかけて)　問二．北海道や東北の日本海側
問三．右図

六　問一．A．ウ　B．イ　C．オ　D．エ　問二．イ　問三．社会の信頼度が増したこと　問四．ア　問五．自分で考え～ってしまう
問六．読みたい本を書店で探して買うことが少なくなり、インターネットで注文して手に入れるようになった。

七　問一．A．エ　B．オ　問二．3　問三．少年と榎本くんの、自分が学級委員に選ばれるかどうかが気になり、胸がどきどきして、むしゃくしゃしていた気持ちが同じだということ。　問四．ア　問五．緊張しないで挨拶をするときのコツ　問六．イ
問七．ウ　問八．エ

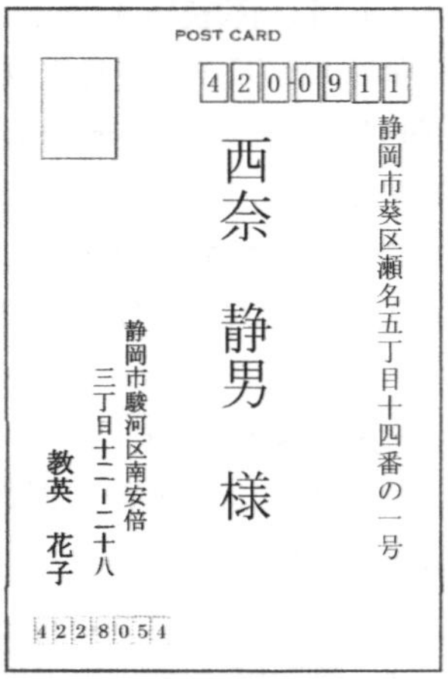

三の図

五問三の図

《算　数》

1　(1)31　(2)$1\frac{1}{30}$　(3)$4\frac{2}{7}$　(4)800

2　(1)500円の割引券，275　(2)190　(3)30　(4)12　(5)13

3　(1)0.8　(2)2.4　(3)(イ)　(4)飲食店の売り上げ／国内旅行者の数 などから1つ

4　(1)1　(2)1.4　(3)800　(4)60

【算数の解説】

1　(1)　与式$=41-7\times2+4=41-14+4=$**31**

(2)　与式$=\frac{7}{12}+\frac{7}{10}-\frac{1}{4}=\frac{35}{60}+\frac{42}{60}-\frac{15}{60}=\frac{62}{60}=\frac{31}{30}=\mathbf{1\frac{1}{30}}$

(3)　与式$=15\times\frac{2}{7}=\frac{30}{7}=\mathbf{4\frac{2}{7}}$

(4)　与式$=4\times(163+37)=4\times200=$**800**

2　(1)　**【解き方】家族割引サービス利用時の割引額を具体的に求め，割引券の割引額と比べる。**
まさはる君の家族は大人2人，中学生1人，小学生1人だから，入場料は合計で$1500\times2+1000+500=4500$(円)かかる。家族割引サービスを利用した場合，5％＝0.05より，$4500\times0.05=225$(円)割引される。
よって，**500円の割引券**を使った方が500－225＝**275**(円)お得になる。

(2)　まさはる君のカートの速さは，570÷３＝190 より，分速 **190m** である。

(3)　メインメニューの決め方は３通りあり，その３通りそれぞれに対してサイドメニューの決め方は２通り，さらにドリンクメニューの決め方は５通りある。よって，選び方は全部で３×２×５＝**30(通り)** ある。

(4)　**【解き方】まさはる君たちの前には 17 人並んでいて，まさはる君一家は４人なので，前から数えて 17＋４＝21(番目)まで並んでいる。**

まさはる君一家の後ろには，33－21＝**12(人)** 並んでいる。

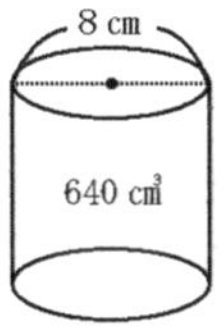

(5)　**【解き方】(コップの高さ)＝(コップの容積)÷(底面積)で求める。１mL＝１cm³である。**

コップの底面の半径は８÷２＝４(cm)だから，底面積は４×４×3.14＝50.24(cm²)である。

容積が 640mL＝640 cm³なので，コップの高さは，640÷50.24＝12.7…(cm)より，**13 cm** である。

3　(1)　**【解き方】2021 年の入国観光客数を 2019 年と比べるので，2019 年の入国観光客数をもとの数として考える。**

求める割合は，250,000÷32,000,000×100＝0.78…(%)より，**0.8%** である。

(2)　**【解き方】グラフＡより，2022 年の登山者全体の数は 160145 人である。**

2022 年に富士山を登った外国人観光客は，登山者全体の 15%だとすると，その人数は 160145×0.15＝24021.7…(人)より，約 **2.4** 万人である。

(3)　**【解き方】標高が上昇すると比例して気温が下がり，標高が下降すると比例して気温が上がる。**

登山開始から頂上までは一定の割合で気温が下がり続け，頂上から下山到着(とうちゃく)までは一定の割合で気温が上がり続ける。よって，右下がりの直線と右上がりの直線がつながった，**(イ)** のグラフのようになる。

(4)　グラフＡで，2020 年は新型コロナウィルス感染症(かんせんしょう)が原因となり，登山者がいなかった。2021 年以降はコロナ感染症の影響(えいきょう)が徐々(じょじょ)に小さくなり，2023 年の登山者数は 2019 年以前の登山者数と比べて，ほぼ同程度まで回復した。これと同様に，コロナ感染症の影響を受けた後，徐々に人数が増えているような調査を考える。

4　(1)　グラフ１より，ペットボトルキャップ 400 個の重さは 1000 g ＝ **１kg** である。

(2)　グラフ２より，0.1 kgのペットボトルキャップで，１円の利益が出ることがわかる。14 円の利益を出すためには，0.1×14＝**1.4(kg)** のペットボトルキャップが必要である。

(3)　**【解き方】ワクチン１人分を寄付するには，20 円の利益が必要である。このとき，必要なペットボトルキャップの重さ→必要なペットボトルキャップの個数の順に求める。**

(2)より，20 円の利益を出すためには，0.1×20＝２(kg)のペットボトルキャップが必要である。グラフ１より，２kg＝2000 g のペットボトルキャップの個数は **800 個** とわかる。

(4)　**【解き方】必要なペットボトルキャップの個数を求め，人数で割って平均を求める。**

(3)より，ワクチン１人分を寄付するために必要なペットボトルキャップは 800 個なので，ワクチン 15 人分では 800×15＝12000(個)必要である。よって，12000÷200＝60(個)より，１人平均 **60 個** 持ってくればよい。

2023 解答例 令和5年度 静岡北中学校

《国　語》

一　1．ちいき　2．のうりょく　3．そな　4．さいばん　5．かいこ　6．こと

二　1．延　2．尊敬　3．難　4．深刻　5．足　6．株式

三　右図

四　問一．季節…冬　理由…子どもたちが雪だるまを作っているから。
問二．何を…座ってくつろいでいる。　理由…両手をひじかけに置いているから。
問三．音…木が燃える時のパチパチという音。　理由…暖ろにくべられたまきが燃えているから。

五　4

六　問一．1．オ　2．イ　3．ア　4．エ　問二．右図　問三．A．ウ　B．ア　問四．2種類の種があることで、より多様な環境に適応できるから。
問五．X．個性　Y．バラバラ　問六．ア．×　イ．×　ウ．○　エ．×　オ．×　問七．どちらもある　問八．(例文)字をていねいに書くと、「上手だね」と言われたり、「書くのがおそい」と言われたりする。

七　問一．三年生　問二．イ　問三．二年生の男子はみんな大人びていた
問四．U君が必死でシールを集めていたこと。　問五．学校のミー　問六．イ
問七．ア

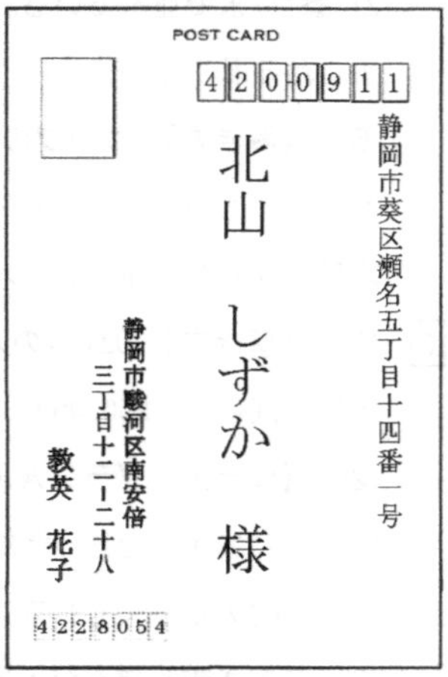

三の図

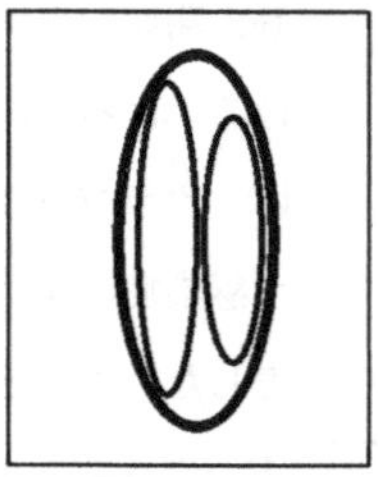
六問二の図

《算　数》

1　(1)153　(2) $1\frac{23}{24}$　(3) 3　(4)600

2　(1)①5.6　②175　(2)商品Aは 100gあたり $630\times\frac{100}{300}\times(1-\frac{10}{100})=189$(円)，商品Bは 100gあたり $760\times\frac{100}{400}=190$(円)だから，商品Aの方が安い。よって，商品Aを，$1200\div300=4$(パック)買えばよい。
(3)直角二等辺三角形　(4)算数…70　理科…80　社会…95

3　(1)400　(2)折れ線グラフ　(3)83　(4)理由…ごみとして出されていたペットボトルがリサイクルされる割合が増えたから。　資料…1999年から2019年までの各年の，ペットボトルの回収率を示す資料。

4　(1)300　(2) 1　(3) 5　※(4)20

※の求め方は解説を参照してください。

【算数の解説】

1　(1)　与式 $=180-48+3\times7=180-48+21=153$

(2)　与式 $=\frac{5}{8}+\frac{3}{2}-\frac{1}{6}=\frac{15}{24}+\frac{36}{24}-\frac{4}{24}=\frac{47}{24}=1\frac{23}{24}$

(3)　与式 $=\frac{24}{100}\times\frac{5}{4}\times10=3$

(4)　与式 $=4\times3\times21+29\times12=12\times(21+29)=12\times50=600$

2 (1)① **【解き方】走る速さが同じとき，走る時間と走った道のりは比例する。**

30 分で 4.2 km走ったから，30＋10＝40(分)だと $4.2\times\frac{40}{30}=5.6$(km)走ったことになる。

② 5.6 km＝(5.6×1000) m＝5600mだから，この道のりを 32 分で走る速さは，分速$\frac{5600}{32}$m＝分速 175m

(2) 解答例のように，単位量あたりの値段を比べればよい。または，1200ｇ買ったときの値段を比べてもよい。

(3) **【解き方】ｎ角形の内角の和は{180°×(ｎ－２)}で求められる。**

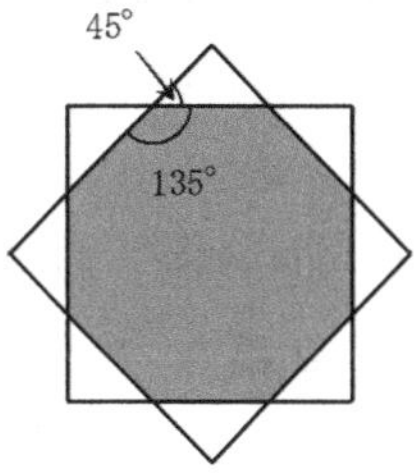

八角形の内角の和は 180°×(８－２)＝1080° だから，正八角形の１つの角は，1080°÷８＝135° である。正八角形の各辺をのばしてできる三角形は２つの角が等しく，180°－135°＝45° になる。もう一つの角は 180°－45°×２＝90° だから，正八角形の各辺をのばしてできる三角形は直角二等辺三角形である。

(4) **【解き方】(合計点)＝(平均点)×(教科数)から４教科の合計点を求める。**
次に，国語以外の３教科の得点を理科の得点と同じにしたときの，３教科の合計点を求める。

４教科の合計は 80×４＝320(点)である。したがって，国語以外の３教科の合計は 320－75＝245(点)である。算数の得点を 10 点上げて社会の得点を 15 点下げると，３教科の得点が同じになり，３教科の合計は，245＋10－15＝240(点)になる。よって，理科の得点は 240÷３＝80(点)だから，算数は 80－10＝70(点)，社会は 80＋15＝95(点)である。

3 (1) **【解き方】カルピスの原液 60mL に対して炭酸水 300mL を混ぜて８杯作るためには，カルピスの原液は 60×８＝480(mL)，炭酸水は 300×８＝2400(mL)必要である。カルピスの原液は 500mL あるので足りる。**

買ってある炭酸水は 500×４＝2000(mL)だから，2400－2000＝400(mL)足りなくなる。

(2) 数値の変化を見るのに適しているのは折れ線グラフである。なお，量の大小を比べるのに適しているのは棒グラフ，割合を見るのに適しているのは帯グラフや円グラフである。

(3) **【解き方】１年間でおよそ８×52＝416(本)の使用済みのペットボトルが出る。**

416÷５＝83 余り１より，およそ 83 ポイントためることができる。

(4) (2)，(3)でペットボトルのリサイクルがテーマとしてあつかわれているので，ペットボトルのリサイクルについて書けばよい。

4 (1) **【解き方】グラフの横軸(よこじく)は 10 目もりで５分だから，１目もり 0.5 分，縦軸は 10 目もりで 1000mだから，１目もり 100mである。**

グラフを見ると，スタートしてから６分後は，まさはる君が 1200m，弟が 900m進んでいるから，２人は 1200－900＝300(m)はなれている。

(2) 600mの地点を通過するのはスタートしてから，まさはる君が３分後，弟が４分後なので，求める時間は，
４－３＝１(分後)

(3) **【解き方】グラフの 10 分のところを見ると，まさはる君は 2000m，弟は 1500m進んでいる。したがって速さは，まさはる君が分速$\frac{2000}{10}$m＝分速 200m，弟が分速$\frac{1500}{10}$m＝分速 150mである。**

３km＝(３×1000) m＝3000mだから，ゴールするのは，まさはる君が 3000÷200＝15(分後)，弟が 3000÷150＝20(分後)である。よって，まさはる君は弟より 20－15＝５(分)速くゴールする。

(4) **【解き方】2400mの地点までは 2400÷200＝12(分)かかった。また，再び走り始めたときの速さは，60mを 30 秒＝$\frac{30}{60}$分＝$\frac{1}{2}$分で走る速さだから，分速$(60\div\frac{1}{2})$m＝分速 120mである。**

再び走り始めたあと，残り 3000－2400＝600(m)を 600÷120＝５(分)かけて走った。

よって，求める時間は，12＋３＋５＝20(分)

★静岡北中学校

《国　語》

一　1．きんとう　2．るいじ　3．どうぶつ　4．げんざい　5．こんなん　6．なか

二　1．羽〔別解〕羽根　2．導入　3．余分　4．支持　5．幸福　6．上映

三　問一．①二　②二　③二　④一　⑤一　⑥一　⑦一　⑧一
問二．(例文)これから、今回のキャンプに持っていく物について説明します。

四　右図

五　①縦２横３の割合の、横長の長方形である。　②三本の縦じまで、それぞれのはばは同じである。　③左から青・白・赤の三色である。

六　問一．エ　問二．自分にとっ～を知りたい　問三．自分にとって何が一番得なのかを知ろうとすること。
問四．徹底的　問五．考えるための方法を学んでいないから。
問六．イ　問七．ア

七　問一．ア　問二．A．ウ　B．イ　C．オ　問三．手紙の内容があまりにそっけなく、心がこもっていないように感じ、悲しくなったから。　問四．ア　問五．イ　問六．エ　問七．ア

きつねとたぬきがまんじゅうを三つ見つけました。
きつねが一つ食べるとたぬきも一つ食べました。〔まんじゅうは〕一つ
残りました。すると、〔きつねが〕さっとつかんで、パクッと食べ
てしまいました。たぬきはおこって、「ずるいよ。」
と言いましたが〔きつねは〕「あばよ。」と言って、にげていっ
てしまいました。

《算　数》

1　(1)15　(2)$2\frac{3}{7}$　(3)$\frac{3}{10}$　(4)300

2　(1)80　(2)107　(3)3　(4)7.065　(5)180

3　(1)③　(2)235　(3)①，③　(4)理由…輸送量が減少しているから。
必要…年代ごとの輸送量がわかる資料。

4　(1)$y=\frac{24}{x}$　(2)右グラフ　(3)7.6　(4)6

(5)

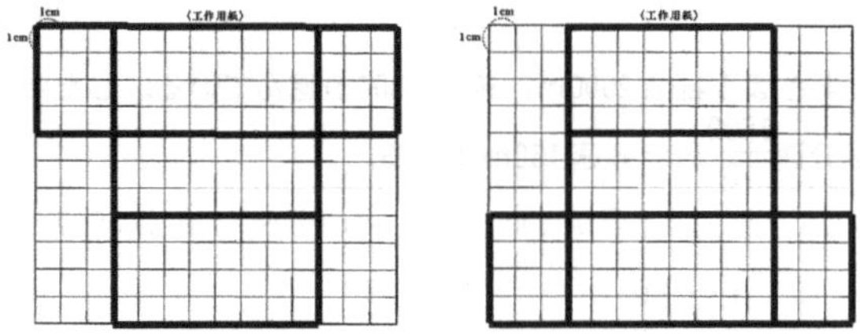

から１つ

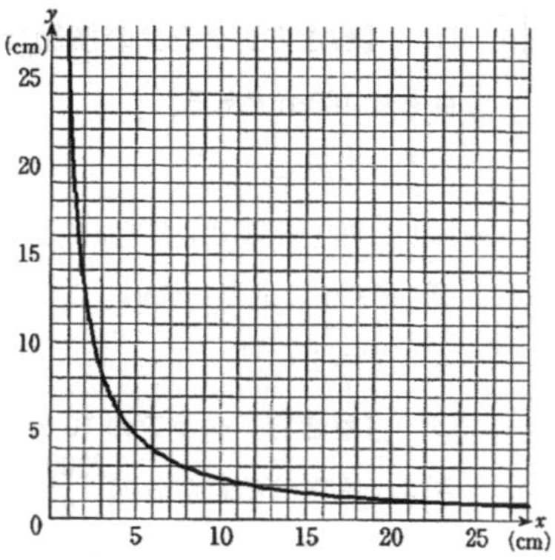

【算数の解説】

1　(1)　与式$=9+4\times1.5=9+6=15$

(2)　与式$=\frac{10}{7}+\frac{6}{5}-\frac{1}{5}=1\frac{3}{7}+\frac{5}{5}=1\frac{3}{7}+1=2\frac{3}{7}$

(3)　与式$=\frac{1}{4}\times\frac{3}{4}\times\frac{8}{5}=\frac{3}{10}$

(4)　与式＝1.234×３＋98.766×３＝(1.234＋98.766)×３＝100×３＝300

2　(1)　**【解き方】(速さ)＝(道のり)÷(時間)で求める。分速何ｍかを聞いているので，道のりはｍで表す。**

家からスーパーまでの道のりは3.2㎞＝3200ｍで，かかった時間は40分だから，求める速さは，

分速(3200÷40)ｍ＝分速80ｍである。

(2)　消費税の税率については書かれていないので，この問題では税込みの代金すべてにポイントがつくとして計算する。求めるポイントは，5390×0.02＝107.8より，107ポイントである。

(3)　求める組み合わせは，(500円硬貨，100円硬貨，10円硬貨)が，(表，表，裏)(表，裏，表)(裏，表，表)の３通りある。

(4)　おうぎ形の中心角は90°なので，求める面積は，$3\times3\times3.14\times\frac{90^\circ}{360^\circ}=7.065$(㎠)

(5)　(かつおだしとしょうゆの量の合計)：(しょうゆの量)＝(３＋４)：４＝７：４だから，求めるしょうゆの量は，$315\times\frac{4}{7}=180$(mL)

3　(1)　①．二輪車は，1995年代から2000年代にかけて台数が減少しているので正しくない。

②．表からは貨物車の使用年数はわからないので，正しくない。

③．2015年の二輪車の台数はおよそ3600千台，1995年の二輪車の台数はおよそ3000千台で，

およそ3600千÷3000千＝1.2(倍)になっているから，正しい。

④．1995年代以降，乗合車の台数も貨物車の台数も年々減少しているから，正しくない。

(2)　求める平均台数は，(242＋245＋236＋232＋228＋227)÷６＝1410÷６＝235(千台)

(3)　①は棒グラフ，②は円グラフ，③は折れ線グラフ，④は帯グラフである。

保有台数を比べたいので，保有台数がすぐに読み取れる①，③を選べばよい。

(4)　貨物車は荷物を運ぶ車なので，貨物車が減ったということは，運ぶ荷物が少なくなったと考えるのが妥当(だとう)である。他にも原因はいくつか考えられる。

4　(1)　(箱の底面積)＝(箱の底面の縦の長さ)×(箱の底面の横の長さ)だから，$24=x\times y$より，$y=\frac{24}{x}$

(2)　**【解き方】通る点を見つけてグラフをかく。**

(1)より，yはxに反比例していることがわかるので，グラフは曲線となる。$x\times y=24$だから，積が24となる２つの整数を考えて，点(x, y)＝(１，24)(２，12)(３，８)(４，６)(６，４)(８，３)(12，２)(24，１)を通る曲線をかけばよい。

(3)　底面の半径は1.8÷２＝0.9(㎝)だから，求める体積は，0.9×0.9×3.14×３＝2.43×3.14＝7.6302より，7.6㎤である。

(4)　６÷1.8＝３余り0.6，４÷1.8＝２余り0.4より，お菓子は縦に３個，横に２個入れることができるので，全部で３×２＝６(個)入れることができる。

(5)　**【解き方】できる箱の見取り図を考え，そこから展開図を答える。**

工作用紙の長さが決まっているので，はみ出ないように注意する。

できる見取り図は右のようになる。ふたのない直方体だから，この展開図は上の面がない。右図の太線部分を切って展開図をつくると，解答例のようになる。

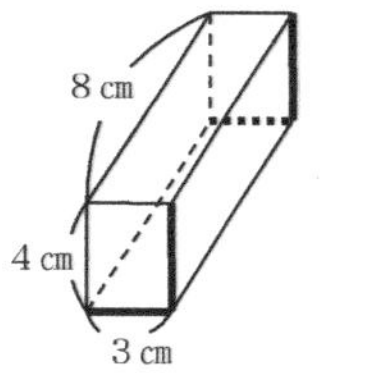

★静岡北中学校

《国　語》

一 ①ふべん　②りょうしつ　③きょうよう　④はそん　⑤るいじ　⑥きょくたん

二 ①旗　②航空　③浅　④風景　⑤余　⑥恩人

三 ①感動　②運動

四 ①×　②×

五 右図

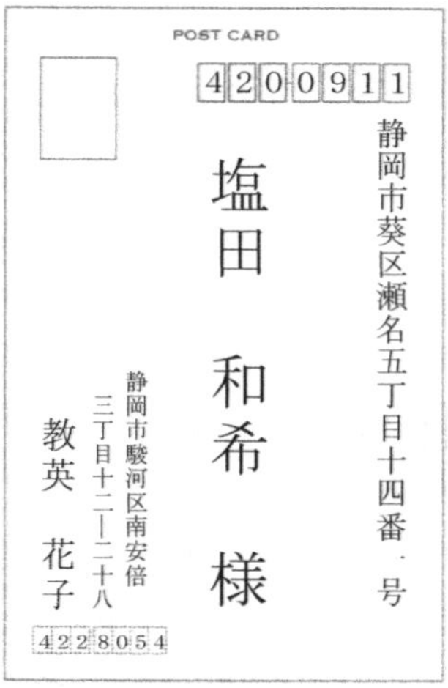
POST CARD
4200911
静岡市葵区瀬名五丁目十四番一号
塩田 和希 様
静岡市駿河区南安倍三丁目十二―二十八
教英 花子
4228054

六 ①ア，カ　②イ，ウ　③エ，オ　④エ，カ　⑤ア，イ　⑥ウ，オ

七 問一．黒板／電灯 などから1つ　問二．A．イ　B．ア　C．ウ　D．エ

問三．エ　問四．受け皿〔別解〕訳　問五．ウ

問六．おおやけ…朝廷での仕事　わたくし…荘園の仕事

問七．一つの大きな家にみんなで住んでいるイメージを持つことができる

問八．イ，ウ

八 問一．イ　問二．イ　問三．イ　問四．エ　問五．ア

問六．野蛮さやこわさを感じるのではなく、きれいだと感じている。

問七．オットセイが、ガラクタではなく、イヌイットにとって大切な獲物であり、役に立つものであるということ。

問八．こわれたオルガンを分解することは、意味がなくつまらないことだと思う一方で、良いことなのかもしれないとも思い始めている。

《算　数》

1 (1)14　(2)$\frac{1}{5}$　(3)$\frac{14}{15}$　(4)2021

2 (1)4.195以上4.205未満　(2)160　(3)975　(4)①324　②2：1　(5)124.8

3 (1)①，②，④　(2)144000　(3)住宅の戸数…D　人口…C　耕地面積…A

(4)理由の説明…1人暮らしや核家族の増加などに伴(ともな)い，1戸に対して多くの人が住むことが少なくなっているから。

必要な資料…1戸あたりに暮らす人数の平均

4 (1)1　(2)40　(3)6，54　※(4)8

※の考え方は解説を参照してください。

【算数の解説】

1 (1) 与式＝5＋12－3＝17－3＝14

(2) 与式＝$\frac{3}{5}\times\frac{7}{6}\times\frac{2}{7}=\frac{1}{5}$

(3) 与式＝$\frac{50}{60}+\frac{60}{60}-\frac{54}{60}=\frac{56}{60}=\frac{14}{15}$

(4) 与式＝$2021\times(\frac{13}{43}+\frac{30}{43})=2021\times1=2021$

2 (1) 小数第3位が5以上だとくり上がり，5未満だと切り捨てとなる。よって，4.2になる範囲は，4.195以上4.205未満である。また，5以下に5は含(ふく)まれるが，5未満に5は含まれないので覚えておこう。

(2)　直方体の高さは0.5m＝50㎝だから，立方体は上に50÷10＝5(個)積む。

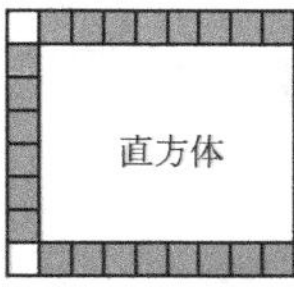

直方体の周りの長さは(0.6＋0.8)×2＝2.8(m)，つまり，280㎝だから，囲いを上から見たときに見える，右図の色付き部分の立方体の数は，280÷10＝28(個)である。
よって，囲いを上から見たときに見える立方体の個数の合計は，28＋4＝32(個)だから，立方体は全部で32×5＝160(個)必要である。

(3)　来年の入場者数が1300＋200＝1500(人)になり，子どもの入場者の割合は今年と変わらず65%ならば，来年の子どもの入場者総数の想定人数は，$1500\times\frac{65}{100}$＝975(人)である。

(4)①　大きい順に並べると，432，423，342，324，243，234となるから，4番目に大きい数は，324である。

②　①より，偶数は4個，奇数は2個できるから，求める比は，4：2＝2：1である。

(5)　**【解き方】四角形ＡＢＣＤの面積から，底辺をＥＣとしたときの台形ＡＥＣＤの高さを求める。その際，ひし形は平行四辺形であることを利用する。**

四角形ＡＢＣＤの面積は，縦6㎝，横8㎝の直角三角形の面積4個分だから，(6×8÷2)×4＝96(㎠)
四角形ＡＢＣＤはひし形(平行四辺形)だから，ＢＣ＝ＡＤ＝10㎝である。底辺をＥＣ＝ＥＢ＋ＢＣ＝6＋10＝16(㎝)としたときの台形ＡＥＣＤの高さは，底辺をＢＣ＝10㎝としたときの平行四辺形ＡＢＣＤの高さに等しく，96÷10＝9.6(㎝)である。よって，台形ＡＥＣＤの面積は，(10＋16)×9.6÷2＝124.8(㎠)

3　(1)　①．平成22年と昭和45年の市町村の合計の差は，76－35＝41であり，76÷2＝38以上減っているので，正しい。　②．平成22年と昭和45年を比べると，町や村の数は減ったが市の数は増えているので，正しい。
③．23÷18＝1.27…より，平成22年の市の数は，昭和45年の市の数のおよそ1.3倍になっているから，正しくない。　④．$\frac{12}{51}\times100$＝23.5…より，平成22年の町の数は，昭和45年の町の数のおよそ24%になっているから，正しい。

(2)　表2の中で人口が一番多かったのは2003年だから，そこから2018年まで，人口は3726000－3582000＝144000(人)減少した。

(3)　住宅戸数は，年々増加しているので，グラフはＤが適切である。人口は，2003年までは増加し，その後は減少しているので，グラフはＣが適切である。耕地面積は，年々減少しているので，グラフはＡが適切である。

4　(1)　グラフが時間の軸に対して平行な間，電車は止まっている。Ｂ駅では横に1マス分止まっているから，1分間止まっていることがわかる。

(2)　Ａ駅からＢ駅までは4㎞あり，6分間＝$\frac{6}{60}$時間＝$\frac{1}{10}$時間で移動しているから，求める速さは，時速$(4\div\frac{1}{10})$㎞＝時速40㎞である。

(3)　Ａ駅を発車してから，Ｄ駅に着くまでは14分かかる。そこから，Ｄ駅で6分間停車して，Ｄ駅からＡ駅まで14分で移動するのだから，求める時刻は，6時20分＋14分＋6分＋14分＝6時54分である。

(4)　**【解き方】出発してから，2往復して休みをとり次の電車を運転するまでに，何時間かかるのか考える。**

5時00分発の電車でＡ駅→Ｄ駅の電車を運転し，Ｄ駅で6分間停車すると，5時＋14分＋6分＝5時20分だから，5時20分発のＤ駅→Ａ駅の電車を運転できる。同様にして，5時40分発のＡ駅→Ｄ駅，6時00分発のＤ駅→Ａ駅の電車を運転して，6時14分にＡ駅に着いたところで2往復となる。ここから，次のＡ駅→Ｄ駅の電車を運転できるのは，6時14分＋30分＝6時44分以降になるから，7時00発の電車を運転できる。
同様に考えると，これ以降も7時－5時＝2時間ごとに2往復してから休みをとって出発できるようになるので，5時＋2時間×3＝11時までに，2×3＝6(往復)して，11時00発のＡ駅→Ｄ駅の電車を運転できる。
その後，11時20分発のＤ駅→Ａ駅，11時40分発のＡ駅→Ｄ駅，12時00分発のＤ駅→Ａ駅と運転して，12時14分にＡ駅に到着する。ここまでで6＋2＝8(往復)であり，これ以上は往復できないので，最大で8往復電車を運転することができる。

■ ご使用にあたってのお願い・ご注意

（1）問題文等の非掲載

著作権上の都合により，問題文や図表などの一部を掲載できない場合があります。

誠に申し訳ございませんが，ご了承くださいますようお願いいたします。

（2）過去問における時事性

過去問題集は，学習指導要領の改訂や社会状況の変化，新たな発見などにより，現在とは異なる表記や解説になっている場合があります。過去問の特性上，出題当時のままで出版していますので，あらかじめご了承ください。

（3）配点

学校等から配点が公表されている場合は，記載しています。公表されていない場合は，記載していません。

独自の予想配点は，出題者の意図と異なる場合があり，お客様が学習するうえで誤った判断をしてしまう恐れがあるため記載していません。

（4）無断複製等の禁止

購入された個人のお客様が，ご家庭でご自身またはご家族の学習のためにコピーをすることは可能ですが，それ以外の目的でコピー，スキャン，転載（ブログ，ＳＮＳなどでの公開を含みます）などをすることは法律により禁止されています。学校や学習塾などで，児童生徒のためにコピーをして使用することも法律により禁止されています。

ご不明な点や，違法な疑いのある行為を確認された場合は，弊社までご連絡ください。

（5）けがに注意

この問題集は針を外して使用します。針を外すときは，けがをしないように注意してください。また，表紙カバーや問題用紙の端で手指を傷つけないように十分注意してください。

（6）正誤

制作には万全を期しておりますが，万が一誤りなどがございましたら，弊社までご連絡ください。

なお，誤りが判明した場合は，弊社ウェブサイトの「ご購入者様のページ」に掲載しておりますので，そちらもご確認ください。

■ お問い合わせ

解答例，解説，印刷，製本など，問題集発行におけるすべての責任は弊社にあります。

ご不明な点がございましたら，弊社ウェブサイトの「お問い合わせ」フォームよりご連絡ください。迅速に対応いたしますが，営業日の都合で回答に数日を要する場合があります。

ご入力いただいたメールアドレス宛に自動返信メールをお送りしています。自動返信メールが届かない場合は，「よくある質問」の「メールの問い合わせに対し返信がありません。」の項目をご確認ください。

また弊社営業日（平日）は，午前９時から午後５時まで，電話でのお問い合わせも受け付けています。

2025 春

株式会社教英出版
〒422-8054　静岡県静岡市駿河区南安倍３丁目 12-28
TEL　054-288-2131　　FAX　054-288-2133
URL　https://kyoei-syuppan.net/
MAIL siteform@kyoei-syuppan.net

教英出版　2025年春受験用　中学入試問題集

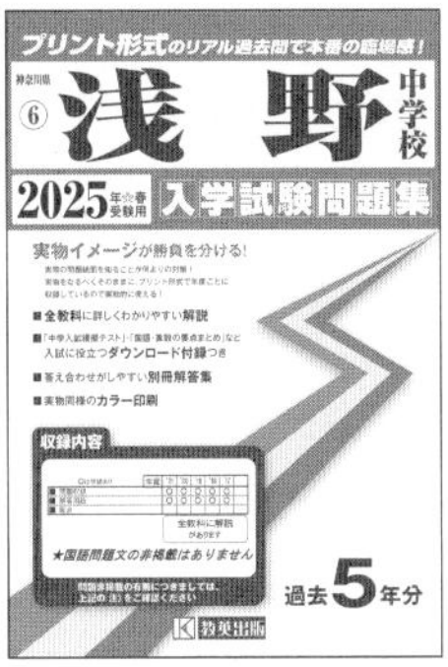

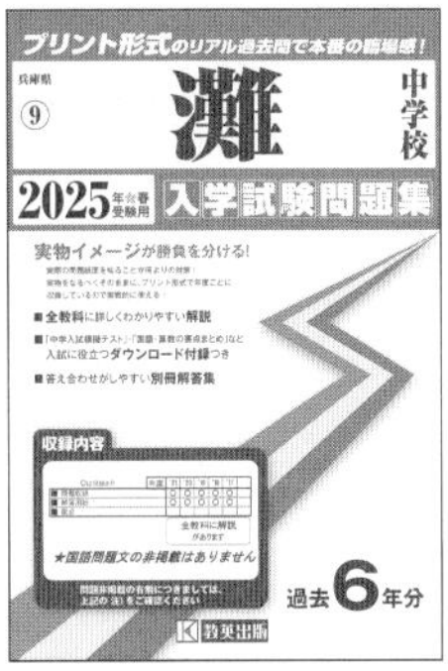

学校別問題集

✿はカラー問題対応

北海道

①[市立]札幌開成中等教育学校
②藤女子中学校
③北嶺中学校
④北星学園女子中学校
⑤札幌大谷中学校
⑥札幌光星中学校
⑦立命館慶祥中学校
⑧函館ラ・サール中学校

青森県

①[県立]三本木高等学校附属中学校

岩手県

①[県立]一関第一高等学校附属中学校

宮城県

①[県立]宮城県古川黎明中学校
②[県立]宮城県仙台二華中学校
③[市立]仙台青陵中等教育学校
④東北学院中学校
⑤仙台白百合学園中学校
⑥聖ウルスラ学院英智中学校
⑦宮城学院中学校
⑧秀光中学校
⑨古川学園中学校

秋田県

①[県立]
- 大館国際情報学院中学校
- 秋田南高等学校中等部
- 横手清陵学院中学校

山形県

①[県立]
- 東桜学館中学校
- 致道館中学校

福島県

①[県立]
- 会津学鳳中学校
- ふたば未来学園中学校

茨城県

①[県立]
- 日立第一高等学校附属中学校
- 太田第一高等学校附属中学校
- 水戸第一高等学校附属中学校
- 鉾田第一高等学校附属中学校
- 鹿島高等学校附属中学校
- 土浦第一高等学校附属中学校
- 竜ヶ崎第一高等学校附属中学校
- 下館第一高等学校附属中学校
- 下妻第一高等学校附属中学校
- 水海道第一高等学校附属中学校
- 勝田中等教育学校
- 並木中等教育学校
- 古河中等教育学校

栃木県

①[県立]
- 宇都宮東高等学校附属中学校
- 佐野高等学校附属中学校
- 矢板東高等学校附属中学校

群馬県

①
- [県立]中央中等教育学校
- [市立]四ツ葉学園中等教育学校
- [市立]太田中学校

埼玉県

①[県立]伊奈学園中学校
②[市立]浦和中学校
③[市立]大宮国際中等教育学校
④[市立]川口市立高等学校附属中学校

千葉県

①[県立]
- 千葉中学校
- 東葛飾中学校

②[市立]稲毛国際中等教育学校

東京都

①[国立]筑波大学附属駒場中学校
②[都立]白鷗高等学校附属中学校
③[都立]桜修館中等教育学校
④[都立]小石川中等教育学校
⑤[都立]両国高等学校附属中学校
⑥[都立]立川国際中等教育学校
⑦[都立]武蔵高等学校附属中学校
⑧[都立]大泉高等学校附属中学校
⑨[都立]富士高等学校附属中学校
⑩[都立]三鷹中等教育学校
⑪[都立]南多摩中等教育学校
⑫[区立]九段中等教育学校
⑬開成中学校
⑭麻布中学校
⑮桜蔭中学校
⑯女子学院中学校
✿⑰豊島岡女子学園中学校
⑱東京都市大学等々力中学校
⑲世田谷学園中学校
✿⑳広尾学園中学校(第2回)
✿㉑広尾学園中学校(医進・サイエンス回)
㉒渋谷教育学園渋谷中学校(第1回)
㉓渋谷教育学園渋谷中学校(第2回)
㉔東京農業大学第一高等学校中等部(2月1日 午後)
㉕東京農業大学第一高等学校中等部(2月2日 午後)

神奈川県

①[県立] 相模原中等教育学校 / 平塚中等教育学校
②[市立]南高等学校附属中学校
③[市立]横浜サイエンスフロンティア高等学校附属中学校
④[市立]川崎高等学校附属中学校
✿⑤聖光学院中学校
✿⑥浅野中学校
⑦洗足学園中学校
⑧法政大学第二中学校
⑨逗子開成中学校(1次)
⑩逗子開成中学校(2·3次)
⑪神奈川大学附属中学校(第1回)
⑫神奈川大学附属中学校(第2·3回)
⑬栄光学園中学校
⑭フェリス女学院中学校

新潟県

①[県立] 村上中等教育学校 / 柏崎翔洋中等教育学校 / 燕中等教育学校 / 津南中等教育学校 / 直江津中等教育学校 / 佐渡中等教育学校
②[市立]高志中等教育学校
③新潟第一中学校
④新潟明訓中学校

石川県

①[県立]金沢錦丘中学校
②星稜中学校

福井県

①[県立]高志中学校

山梨県

①山梨英和中学校
②山梨学院中学校
③駿台甲府中学校

長野県

①[県立] 屋代高等学校附属中学校 / 諏訪清陵高等学校附属中学校
②[市立]長野中学校

岐阜県

①岐阜東中学校
②鶯谷中学校
③岐阜聖徳学園大学附属中学校

静岡県

①[国立]静岡大学教育学部附属中学校(静岡·島田·浜松)
② [県立]清水南高等学校中等部 / [県立]浜松西高等学校中等部 / [市立]沼津高等学校中等部
③不二聖心女子学院中学校
④日本大学三島中学校
⑤加藤学園暁秀中学校
⑥星陵中学校
⑦東海大学付属静岡翔洋高等学校中等部
⑧静岡サレジオ中学校
⑨静岡英和女学院中学校
⑩静岡雙葉中学校
⑪静岡聖光学院中学校
⑫静岡学園中学校
⑬静岡大成中学校
⑭城南静岡中学校
⑮静岡北中学校
⑯ 常葉大学附属常葉中学校 / 常葉大学附属橘中学校 / 常葉大学附属菊川中学校
⑰藤枝明誠中学校
⑱浜松開誠館中学校
⑲静岡県西遠女子学園中学校
⑳浜松日体中学校
㉑浜松学芸中学校

愛知県

①[国立]愛知教育大学附属名古屋中学校
②愛知淑徳中学校
③ 名古屋経済大学市邨中学校 / 名古屋経済大学高蔵中学校
④金城学院中学校
⑤椙山女学園中学校
⑥東海中学校
⑦南山中学校男子部
⑧南山中学校女子部
⑨聖霊中学校
⑩滝中学校
⑪名古屋中学校
⑫大成中学校
⑬愛知中学校
⑭星城中学校
⑮名古屋葵大学中学校(名古屋女子大学中学校)
⑯愛知工業大学名電中学校
⑰海陽中等教育学校(特別給費生)
⑱海陽中等教育学校(I·II)
⑲中部大学春日丘中学校
新刊⑳名古屋国際中学校

三重県

①[国立]三重大学教育学部附属中学校
②暁中学校
③海星中学校
④四日市メリノール学院中学校
⑤高田中学校
⑥セントヨゼフ女子学園中学校
⑦三重中学校
⑧皇學館中学校
⑨鈴鹿中等教育学校
⑩津田学園中学校

滋賀県

①[国立]滋賀大学教育学部附属中学校
②[県立] 河瀬中学校 / 守山中学校 / 水口東中学校

京都府

①[国立]京都教育大学附属桃山中学校
②[府立]洛北高等学校附属中学校
③[府立]園部高等学校附属中学校
④[府立]福知山高等学校附属中学校
⑤[府立]南陽高等学校附属中学校
⑥[市立]西京高等学校附属中学校
⑦同志社中学校
⑧洛星中学校
⑨洛南高等学校附属中学校
⑩立命館中学校
⑪同志社国際中学校
⑫同志社女子中学校(前期日程)
⑬同志社女子中学校(後期日程)

大阪府

①[国立]大阪教育大学附属天王寺中学校
②[国立]大阪教育大学附属平野中学校
③[国立]大阪教育大学附属池田中学校

④[府立]富田林中学校
⑤[府立]咲くやこの花中学校
⑥[府立]水都国際中学校
⑦清風中学校
⑧高槻中学校（A日程）
⑨高槻中学校（B日程）
⑩明星中学校
⑪大阪女学院中学校
⑫大谷中学校
⑬四天王寺中学校
⑭帝塚山学院中学校
⑮大阪国際中学校
⑯大阪桐蔭中学校
⑰開明中学校
⑱関西大学第一中学校
⑲近畿大学附属中学校
⑳金蘭千里中学校
㉑金光八尾中学校
㉒清風南海中学校
㉓帝塚山学院泉ヶ丘中学校
㉔同志社香里中学校
㉕初芝立命館中学校
㉖関西大学中等部
㉗大阪星光学院中学校

兵庫県

①[国立]神戸大学附属中等教育学校
②[県立]兵庫県立大学附属中学校
③雲雀丘学園中学校
④関西学院中学部
⑤神戸女学院中学部
⑥甲陽学院中学校
⑦甲南中学校
⑧甲南女子中学校
⑨灘中学校
⑩親和中学校
⑪神戸海星女子学院中学校
⑫滝川中学校
⑬啓明学院中学校
⑭三田学園中学校
⑮淳心学院中学校
⑯仁川学院中学校
⑰六甲学院中学校
⑱須磨学園中学校（第1回入試）
⑲須磨学園中学校（第2回入試）
⑳須磨学園中学校（第3回入試）
㉑白陵中学校
㉒夙川中学校

奈良県

①[国立]奈良女子大学附属中等教育学校
②[国立]奈良教育大学附属中学校
③[県立]
国際中学校
青翔中学校
④[市立]一条高等学校附属中学校
⑤帝塚山中学校
⑥東大寺学園中学校
⑦奈良学園中学校
⑧西大和学園中学校

和歌山県

①[県立]
古佐田丘中学校
向陽中学校
桐蔭中学校
日高高等学校附属中学校
田辺中学校
②智辯学園和歌山中学校
③近畿大学附属和歌山中学校
④開智中学校

岡山県

①[県立]岡山操山中学校
②[県立]倉敷天城中学校
③[県立]岡山大安寺中等教育学校
④[県立]津山中学校
⑤岡山中学校
⑥清心中学校
⑦岡山白陵中学校
⑧金光学園中学校
⑨就実中学校
⑩岡山理科大学附属中学校
⑪山陽学園中学校

広島県

①[国立]広島大学附属中学校
②[国立]広島大学附属福山中学校
③[県立]広島中学校
④[県立]三次中学校
⑤[県立]広島叡智学園中学校
⑥[市立]広島中等教育学校
⑦[市立]福山中学校
⑧広島学院中学校
⑨広島女学院中学校
⑩修道中学校
⑪崇徳中学校
⑫比治山女子中学校
⑬福山暁の星女子中学校
⑭安田女子中学校
⑮広島なぎさ中学校
⑯広島城北中学校
⑰近畿大学附属広島中学校福山校
⑱盈進中学校
⑲如水館中学校
⑳ノートルダム清心中学校
㉑銀河学院中学校
㉒近畿大学附属広島中学校東広島校
㉓AICJ中学校
㉔広島国際学院中学校
㉕広島修道大学ひろしま協創中学校

山口県

①[県立]
下関中等教育学校
高森みどり中学校
②野田学園中学校

徳島県

①[県立]
富岡東中学校
川島中学校
城ノ内中等教育学校
②徳島文理中学校

香川県

①大手前丸亀中学校
②香川誠陵中学校

愛媛県

①[県立]
今治東中等教育学校
松山西中等教育学校
②愛光中学校
③済美平成中等教育学校
④新田青雲中等教育学校

高知県

①[県立]
安芸中学校
高知国際中学校
中村中学校

福岡県

①[国立]福岡教育大学附属中学校（福岡・小倉・久留米）
②[県立]育徳館中学校 / 門司学園中学校 / 宗像中学校 / 嘉穂高等学校附属中学校 / 輝翔館中等教育学校
③西南学院中学校
④上智福岡中学校
⑤福岡女学院中学校
⑥福岡雙葉中学校
⑦照曜館中学校
⑧筑紫女学園中学校
⑨敬愛中学校
⑩久留米大学附設中学校
⑪飯塚日新館中学校
⑫明治学園中学校
⑬小倉日新館中学校
⑭久留米信愛中学校
⑮中村学園女子中学校
⑯福岡大学附属大濠中学校
⑰筑陽学園中学校
⑱九州国際大学付属中学校
⑲博多女子中学校
⑳東福岡自彊館中学校
㉑八女学院中学校

佐賀県

①[県立]香楠中学校 / 致遠館中学校 / 唐津東中学校 / 武雄青陵中学校
②弘学館中学校
③東明館中学校
④佐賀清和中学校
⑤成穎中学校
⑥早稲田佐賀中学校

長崎県

①[県立]長崎東中学校 / 佐世保北中学校 / 諫早高等学校附属中学校
②青雲中学校
③長崎南山中学校
④長崎日本大学中学校
⑤海星中学校

熊本県

①[県立]玉名高等学校附属中学校 / 宇土中学校 / 八代中学校
②真和中学校
③九州学院中学校
④ルーテル学院中学校
⑤熊本信愛女学院中学校
⑥熊本マリスト学園中学校
⑦熊本学園大学付属中学校

大分県

①[県立]大分豊府中学校
②岩田中学校

宮崎県

①[県立]五ヶ瀬中等教育学校
②[県立]宮崎西高等学校附属中学校 / 都城泉ヶ丘高等学校附属中学校
③宮崎日本大学中学校
④日向学院中学校
⑤宮崎第一中学校

鹿児島県

①[県立]楠隼中学校
②[市立]鹿児島玉龍中学校
③鹿児島修学館中学校
④ラ・サール中学校
⑤志學館中等部

沖縄県

①[県立]与勝緑が丘中学校 / 開邦中学校 / 球陽中学校 / 名護高等学校附属桜中学校

もっと過去問シリーズ

北海道

北嶺中学校
7年分（算数・理科・社会）

静岡県

静岡大学教育学部附属中学校（静岡・島田・浜松）
10年分（算数）

愛知県

愛知淑徳中学校
7年分（算数・理科・社会）
東海中学校
7年分（算数・理科・社会）
南山中学校男子部
7年分（算数・理科・社会）
南山中学校女子部
7年分（算数・理科・社会）
滝中学校
7年分（算数・理科・社会）
名古屋中学校
7年分（算数・理科・社会）

岡山県

岡山白陵中学校
7年分（算数・理科）

広島県

広島大学附属中学校
7年分（算数・理科・社会）
広島大学附属福山中学校
7年分（算数・理科・社会）
広島学院中学校
7年分（算数・理科・社会）
広島女学院中学校
7年分（算数・理科・社会）
修道中学校
7年分（算数・理科・社会）
ノートルダム清心中学校
7年分（算数・理科・社会）

愛媛県

愛光中学校
7年分（算数・理科・社会）

福岡県

福岡教育大学附属中学校（福岡・小倉・久留米）
7年分（算数・理科・社会）
西南学院中学校
7年分（算数・理科・社会）
久留米大学附設中学校
7年分（算数・理科・社会）
福岡大学附属大濠中学校
7年分（算数・理科・社会）

佐賀県

早稲田佐賀中学校
7年分（算数・理科・社会）

長崎県

青雲中学校
7年分（算数・理科・社会）

鹿児島県

ラ・サール中学校
7年分（算数・理科・社会）

※もっと過去問シリーズは国語の収録はありません。

教英出版
〒422-8054
静岡県静岡市駿河区南安倍3丁目12－28
TEL 054-288-2131
FAX 054-288-2133
詳しくは教英出版で検索
教英出版 検索
URL https://kyoei-syuppan.net/

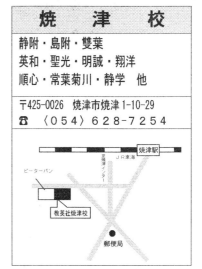

日曜進学教室の指導システム

理解を深め、定着させる５つのＳＴＥＰ

STEP 1 予習

当社で設定したカリキュラムに従い、毎週、次の日曜日に学習する項目に関して予習をしてきていただきます。これは、次の日曜日にどのようなことを学習するのか概要をつかみ、疑問点などを明確にしておくためのものです。

STEP 2 テスト

日曜進学教室では、毎週、テストを行います(30 分間)。予習範囲の学習内容がどの程度理解できているかを、児童自身が確認するためのテストであり、また、問題を解くことでさらに理解を深めていくための指導用のテストでもあります。(得点を競うためのテストではありません。)

STEP 3 解

テスト終了後
います(50 分間)
解けなかった問
いたところを、
し、正しい理解
また、正答を導
や、問題を解く
ど、実践的解答
指導し、類似問
養います。

1 **対象**　**小学5・6年**

2 **期間**　**5年生　2024 年2月4日(日)～2025 年1月 12 日(日)**
6年生　2024 年2月4日(日)～2025 年1月5日(日)

3 **時間**　**9:00～12:00**

模擬テスト(4月～)のあるときは　**10:00～12:00…中学入試模擬テスト**
13:00～15:30…解説授業

※静岡本部校は同内容の「土曜コース」があります。(詳細は別紙参照)
※焼津校の５年生は通常授業・模擬テスト・解説授業とも土曜日の実施となります。
（祝日・講習会中は日曜日の実施)
※日曜進学教室生は、「中学入試模擬テスト」を必ず受験していただきます。
※日曜進学教室生(６年)は、年２回(４月７日、６月 23 日)「学力チェックテスト」を必ず受験していただきます。
※「中学入試模擬テスト」「学力チェックテスト」の詳細は別紙パンフレットをご覧ください。

■ 申し込み方法

① 教英社事務所での取り扱い(当日受付も承ります。ただし、初めて本テストを受験される方は、ご予約の上受験されることをお勧めします。)

② 現金書留(申込書を添えて郵送下さい。)
静岡本部校のみ

(注) 教英社現教室生は、授業料の中に模擬テスト受験料(教室生割引き金額)も含まれておりますので、申し込みの必要はありません。

■ 持ち物

筆記用具(シャープペンは不可)

■ 解説授業

教英社の現教室生は、実施日午後(13：00～15：30)に行われる模擬テスト解説授業をテスト受験料プラス2,500円で受講できます。あらかじめ御予約ください。日曜進学教室生は申し込みの必要はありません。定員に達し次第締切ります。**模擬テストのみ・講習会受講のみの児童は参加できません。**

約　　定

1 模擬テスト参加を受験料払込みのうえ予約された方で当日何らかの事情で欠席されても受験料は返金致しません。問題用紙を発送させて戴きますのでご自宅で解いて、解答用紙を小社宛に返送して下さい。採点後、成績表とともに郵送致します。

2 解説授業に申し込まれた方で、当日何らかの事情で欠席された場合、振り替え授業がありません。また、受講料も返金できませんのでご注意下さい。

3 答案の採点に当たっては四審し、万全を期しておりますが、万一採点ミスがありましたら恐れ入りますが小社宛返送して下さい。訂正後送料当社負担にて郵送させて戴きます。

教英社
KYOEISHA

http://kyoeisha.jp

静岡本部校	〒420-0031 静岡市葵区呉服町2-3-1 ふしみやビル5F	(054) 252－3445
焼津校	〒425-0026 焼津市焼津1-10-29	(054) 628－7254

キリトリ線

教英社　中学入試模擬テスト　申込書

※教英社の会員証をお持ちの方は**太枠部分のみ記入**して下さい。

会員番号	フリガナ		
	本人氏名		男・女
生年月日	志望校名	保護者氏名	
・　・			
在学校・学年	電話番号		
小学校　年	〈　〉　－		
	緊急連絡先		
	〈　〉　－		
住所	〒　－		
会場	□ 静岡校　□ 焼津校		
学年	□ 6年生　□ 5年生		
時間	□ 10：00～12：00		
	□ 13：00～15：00(静岡校のみ)		

受験日

受験月日の□に✔を入れて下さい。解説授業希望日は番号に○をつけてください。

6年生	①	2/12(無料)		⑧	9/15	□
	②	4/21	□	⑨	10/6	□
	③	5/19	□	⑩	10/20	□
	④	6/16	□	⑪	11/3	□
	⑤	7/21	□	⑫	11/17	□
	⑥	8/18	□	⑬	12/1	□
	⑦	9/1	□	⑭	12/15	□
5年生	①	2/12(無料)		⑦	9/15	□
	②	4/21	□	⑧	10/20	□
	③	5/19	□	⑨	11/17	□
	④	6/16	□	⑩	12/15	□
	⑤	7/21	□	⑪	1/5	□
	⑥	8/18	□			

模擬テスト　　回分　　円
現教室生のみ (解説授業　　回分　　円)
を添えて申し込みます。

受験料………………………… 1回　4,500円 (税込)
5回以上…………………… 1回当たり　4,000円 (税込)

※当日会場で申し込む方はこの申込書はいりません。

2025 年度中学入試　模擬テ

		2　月	4　月	5　月	6
6年生	国語	○5年までの 総復習	○説明的文章 ○物語 ○漢字の音訓 ○漢字の部首・ 画数・筆順	○説明的文章 ○物語 ○送りがな・ かなづかい ○文の組み立て	○説明的文 ○詩 ○単語の種
			(漢字の読み書きは、8月までは5年生ま		
	算数	○5年までの 総復習 ○速さ	○正多角形と円 ○割合	○割合とグラフ ○文字と式	○分数のか わり算
5年生	国語	○4年までの 総復習	○説明文 ○物語 ○漢字の音訓 ○漢字の部首・ 画数・筆順	○説明文 ○物語 ○同訓異字・ 同音異義語 ○送りがな・ かなづかい	○説明文 ○随筆文 ○熟語 ○同類語・
			(漢字の読み書きは、8月までは4年生ま		
	算数	○4年までの 総復習	○小数と整数	○合同な図形 ○比例	○体積

※ 6年生2月算数：正多角形と円、割合、割合とグラフを除

	小　6	
春期講習	**3月21日(木)～4月2日(火) の8日間　予定**	**3月**
夏期講習	**7月29日(月)～8月22日(木) の14日間　予定**	**7月2**
冬期講習	**12月23日(月)～1月3日(金) の8日間　予定**	**12月2**

詳しくはパンフレットをご請求ください。

テスト出題範囲

・小6　9月以降の範囲（上段から１回目、２回目）
・前回までの内容はすべて、次のテストの出題範囲になります。

月	7　月	8　月	9　月	10　月	11　月	12　月	1　月
章 類 での復習）	◯説明的文章 ◯随筆文 ◯ことわざ ◯慣用句 ◯語句の意味と用法	◯７月までの総復習	◯説明的文章 ◯物語 ◯熟語	◯説明的文章 ◯物語 ◯助詞・助動詞	◯説明的文章 ◯物語 ◯敬語	◯総合問題①	
			◯説明的文章 ◯随筆文 ◯熟語	◯説明的文章 ◯随筆文 ◯助詞・助動詞	◯説明的文章 ◯物語 ◯敬語 ◯文の書きかえ	◯総合問題②	
け算・	◯小数と分数の計算	◯対称な図形 ◯資料の整理	◯８月までの総復習	◯角柱・円柱の体積・表面積	◯拡大図・縮図 ◯比例・反比例	◯総合問題①	
			◯曲線のある図形	◯比	◯ならべ方 組合せ	◯総合問題②	
反対語 での復習）	◯説明文 ◯詩 ◯言葉のきまり（主語・述語・修飾語）	◯７月までの総復習	◯説明文 ◯随筆文 ◯言葉の意味 ◯ことわざ・慣用句	◯説明文 ◯伝記文 ◯漢字・熟語のまとめ	◯説明文 ◯物語 ◯言葉のきまり・言葉の意味のまとめ	◯説明文 ◯随筆文 ◯言葉のきまり（敬語）	◯総合問題
	◯小数のかけ算	◯小数のわり算	◯図形の角	◯倍数・約数	◯分数のたし算・ひき算	◯単位量あたりの大きさ	◯図形の面積

小　5
２１日（木）～４月１日（月）の７日間　予定
９日（月）～８月２２日（木）の１４日間　予定
３日（月）～１２月３１日（火）の７日間　予定

バックナンバー受験制度

本年度に実施された「中学入試模擬テスト」で、すでに終了した回の「中学入試模擬テスト」をさかのぼって受験することができます。採点した答案とともに、その回の成績表をお付けします。復習、入試対策にご利用ください。（※「まとめて予約」の適用外となります）

１回分受験料　4,500円（税込）＋郵送料

自宅でテストが受けられます

お電話またはホームページのお問合せフォームよりお申込み下さい。

① 郵送にて問題用紙をお送りします。（実施日 1~2 日前後着予定）
② 解答用紙と受験票をご返送ください。
③ 到着後、採点集計し、テスト結果を返送いたします。

※受験料は同封の払込票で、問題用紙到着後１週間以内にお支払いください。　**１回分受験料　4,500円（税込）＋郵送料**

6年生
5年生

2025年度中学入試用
静岡県中学入試模擬テスト

対象校

静大附属静岡・島田・浜松・不二聖心・日大三島・暁秀・星陵・富士見・サレジオ
翔洋・大成・英和・雙葉・常葉・常葉橘・静岡学園・聖光・静岡北・城南
藤枝明誠・順心・常葉菊川・磐田東・西遠・開誠館・浜松日体・浜松学芸
聖隷・浜松学院・浜松修学舎・沼津市立・清水南・浜松西

入試直結の問題・確かなデータ

ポイント1　静岡県の中学受験を完全網羅

教英社の中学入試模擬テストは、静岡県で過去に出題された問題を中心に入試問題を研究し、翌年の静岡県の中学入試を予想して作成されたものです。

ポイント2　正確な合否判定資料

この模擬テストには、静岡県の中学受験を希望する方の大多数にご参加いただいていますので、個人成績表に示されたデータは、客観的に各受験者の合格判定をはかる確かなデータとなっています。

ポイント3　弱点把握・学習指針

当社独自に年間カリキュラムを作成し、中学入試に必要とされる学習項目をすべて試験にとり入れておりますので、年間を通じて受験していただければ、入試のためにどのような学習が必要か、自分の苦手なところはどこかなどを判断する上での参考にもなります。この模擬テストを目標に学習をすすめ、正確なデータにもとづき各自の学力の伸びを判断していけば、志望校合格への道は開けてくるはずです。

■ 実施日

6年生		
	① 2月12日(月・祝)	⑧ 9月15日(日)
	② 4月21日(日)	⑨ 10月6日(日)
	③ 5月19日(日)	⑩ 10月20日(日)
	④ 6月16日(日)	⑪ 11月3日(日)
	⑤ 7月21日(日)	⑫ 11月17日(日)
	⑥ 8月18日(日)	⑬ 12月1日(日)
	⑦ 9月1日(日)	⑭ 12月15日(日)

5年生		
	① 2月12日(月・祝)	⑦ 9月15日(日)
	② 4月21日(日)	⑧ 10月20日(日)
	③ 5月19日(日)	⑨ 11月17日(日)
	④ 6月16日(日)	⑩ 12月15日(日)
	⑤ 7月21日(日)	⑪ 1月5日(日)
	⑥ 8月18日(日)	

■ 会場・時間・受験料

※ 2/12のみ時間が異なります。(詳細は別紙参照)

学年(科目) / 会場	6年生　2科目(国・算)	5年生　2科目(国・算)
静岡本部校	10:00〜12:00　または　13:00〜15:00	
焼津校	10:00〜12:00	
受験料	**1回4,500円(税込)**。ただし、前もって無料模擬以外の5回以上をまとめて予約された方は1回4,000円(税込)で受験できます。実施日前日までにまとめてご予約された分のみ割引の対象となります。当日申し込み分は割引の対象とはなりませんのでご了承ください。予約日の変更はできませんのでご注意ください。 実施日前日までにご予約されていない方で、自宅での受験を希望される場合、問題用紙の**郵送料**が別途掛かりますのでご了承ください。 **※「予約」とは実施日前日までに受験料のお支払いがされていることです。電話でのお申込みは予約にはなりませんのでご注意ください。(※無料模擬除く)**	

日曜進学教室

・県内中学受験に添った徹底指導　・志望校別の豊富な受験資料と情報

業

授業を行
トのとき
間違えて
場で確認
きます。
プロセス
注意点な
んねんに
応用力を

STEP 4 復習

日曜進学教室終了後、ご自宅にて、同じ内容のテストをもう一度解いていただきます。解説授業での指導を思い起こしながら、間違えていたところを修正し、満点の答案を作成することで、日曜進学教室で学んだ指導内容の定着をはかります。〈満点答案の作成〉

STEP 5 模擬テスト

毎月の中学入試模擬テストの内容は、日曜進学教室の学習進度と並行しています。日曜進学教室で学習したことがどの程度理解できているかを、模擬テストを受験することで、客観的に判断できます。また、模擬テスト直後に解説授業が組みこまれているので、テストでの疑問点がすぐに解決できます。

キリトリ

2024年度　小5・6　日曜進学教室　入室申込書

会員番号	フリガナ		在学校名
	生徒氏名	男・女	小学校
学年 / 生年月日	フリガナ		志望校名
年 / 年　月　日	保護者名		中学校
住所	〒　－		
電話番号	(　)　－	緊急連絡先	(　)　－

受講会場 ○でかこんでください	1.静岡本部校	2.焼　津　校	入室日
	A　日曜(5.6年)コース B　土曜(5.6年)コース	A　日曜(6年)コース B　土曜(5年)コース	年　月　日より
入室金免除	他の講座入室時に支払い済	兄弟姉妹が入室金を支払い済	

既に教英社の会員証をお持ちの方は、太わくの部分のみご記入ください。

曜進学教室室生は、学費の中に、中学入試模擬テスト受験料も含まれております。テスト申込書は提出る必要はありません。

岡本部校の土曜(5.6年)コースは7月までの実施になります。夏期講習以降は日曜コースに参加していただきす。

学　費

〈2ヶ月分の学費〉

約　　定

何らかの事情で途中退室される受験生は、入室金・当月授業料・教材費は返金致しませんので、ご承知おき下さい。

学費（日曜進学教室の授業料は2ヶ月単位）				
学年	学期	授業料（円）	テスト受験料（円）	2ヶ月分合計（円）
6年	第一期（2～3月）	43,200	0	43,200
	第二期（4～5月）	33,800	12,500模試(2回)チェック(1回)	46,300
	第三期（6～7月）	38,600	12,500模試(2回)チェック(1回)	51,100
	第四期（8～9月）	36,300	12,000模試(3回)	48,300
	第五期（10～11月）	29,200	16,000模試(4回)	45,200
	第六期（12～1月）	24,200	8,000(模試2回)	32,200
5年	第一期（2～3月）	37,800	0	37,800
	第二期（4～5月）	30,200	8,000(模試2回)	38,200
	第三期（6～7月）	34,400	8,000(模試2回)	42,400
	第四期（8～9月）	34,400	8,000(模試2回)	42,400
	第五期（10～11月）	30,200	8,000(模試2回)	38,200
	第六期（12～1月）	26,000	8,000(模試2回)	34,000

・初回申込時のみ入室金 17,800円がかかります。(兄弟姉妹が入室金を支払い済みの方は必要ありません)
　教材費6・5年 8,200円(初回のみ/5・6年内容の合本です)
・途中入室の場合の授業料は残りの授業回数で計算します。
・上記金額には消費税が含まれております。
※学力チェックテスト(6年)を4月7日、6月23日に実施。国・算の弱点を分析し指導の資料とします。

教室案内・行事予定

1.　**中学入試模擬テスト**
小学校5.6年対象—国語・算数
6年生14回　5年生11回

2.　**受験科教室**
小学校5.6年対象—国語・算数

3.　**志望校別特訓クラス**　小学校6年対象

4.　**清水南中受検総合適性クラス**
静岡本部校　小学校6年対象

5.　**志望校別模擬テスト（附属静岡・島田・雙葉）**
小学校6年対象

6.　**講　習　会（春・夏・冬）**

7.　**問　題　集**
・国・私立中学入試問題集—静附・雙葉・英和・聖光・常葉・静学・橘・翔洋・不二聖心・サレジオ・西遠・浜松開誠館・暁秀・浜松西・清水南他
・面接試験受験の要領・面接試験の要領DVD
・中学入試総まとめ　国語・算数

令和六年度　前期入学者選抜

学力検査問題

―国語―

1　この用紙は、監督者(かんとくしゃ)の合図があるまで開いてはいけません。
2　問題は、6ページあります。どの問題から始めてもかまいません。
3　検査時間は、45分です。
4　答えは、すべて解答用紙にはっきり、ていねいに書いてください。
5　開始のチャイムが鳴ったら、解答用紙に受検番号、氏名を書いてから始めてください。
6　終了のチャイムと同時に筆記用具を置き、解答用紙の上に問題用紙を置いて、監督者の指示に従ってください。

学校法人静岡理工科大学
静岡北中学校

2024(R6) 静岡北中
教英出版

一 次の——線部の漢字の読みをひらがなで答えなさい。

1 負けてから彼は奮起した。
2 AとBを並列して示す。
3 晩飯を作ろう。
4 両親は働き盛りだ。
5 念願かなって合格した。
6 大阪で博覧会が開かれる。

二 次の——線部のカタカナを漢字に直して答えなさい。

1 駿河湾エンガンでの漁業。
2 技術をカクシンし続ける。
3 鏡に姿をウツす。
4 無休でエイギョウする店。
5 自分のアヤマリに気づく。
6 ケビョウで休むのはよくない。

三 【指示1】【指示2】にしたがって、解答用紙にあるはがきを完成させなさい。

【指示1】あて名は次の通りです。
郵便番号　420-0911
静岡市葵区瀬名五丁目14番の1号
西奈　静男

【指示2】差出人はあなたです。あなたの郵便番号・住所・名前を書いてください。

四 次の①～④のそれぞれの説明にふさわしいマークを後から一つずつ選び、記号で答えなさい。ただし、同じ記号を繰り返し使ってはいけません。

① 長野県のマーク。ナガノの「ナ」を円形にし、鳥が飛ぶ姿にデザイン化。
② 埼玉県のマーク。古代人が大切にした「まが玉」十六個を円形にならべたもの。
③ 福島県のマーク。「ふくしま」の頭文字「ふ」の字を図案化したもの。
④ 京都府のマーク。六枚の葉の中央に、京都の「京」をひとがたの模様にして表したもの。

ア

イ

ウ

エ
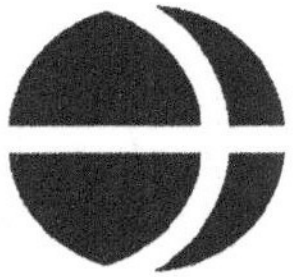

五　次の天気予報の原稿を読んで、あとの問いに答えなさい。

全国のお天気をお伝えいたします。
日本全域、まだまだ季節外れの寒さが続いており、今月としても記録的な気温となる見込みです。
関東から西日本にかけて気温が上がらず、本日午前十一時現在で、すでに平年より三度程ほど低い模様です。
大陸から寒気が流れこみ、北海道や東北の日本海側では、みぞれまじりの雨が降るでしょう。
関東は、昼過ぎまでは晴れますが、午後は次第に雲が増えてきそうです。
西日本では雲が多く、九州では夜に雨の降る所が多いでしょう。
お出かけの際は、カサをお持ちになることをおすすめします。
では、また明日。

問一　気温が上がらないのはどこの地域ですか。原稿の中の言葉で答えなさい。
問二　みぞれまじりの雨が降るのはどこの地域ですか。原稿の中の言葉で答えなさい。
問三　お出かけの際に持つことをすすめているものの絵を描きなさい。

六　次の文章を読んであとの問いに答えなさい。なお、字数を数える場合は句読点を含むものとします。

世の中が便利になったということは、私たちが自らの手を汚す（手を煩わせる）ことなくさまざまな物が手に入るということを意味する。電気は地域の電力会社に、ガスはガス会社に、水道やゴミの処理は地方自治体に、というふうにライフラインはすべて企業や自治体に「お任せ」にしてしまった。その方が経済システムとして効率的であり、設備投資も安く上がるためである。消費者側としても楽になった。故障すればコールセンターに文句を言うだけで済むし、問題がなければ気に掛ける必要がないからだ。

クレジットカード、ICカード、消費者金融のカード、銀行のマネーカードなど、金銭の授受をカードで済ませることも多くなった。ローンや公共料金の支払いも銀行振込になり、実に手軽である。これらも「お任せ」の一種で、電子取引が可能になったおかげで、現金を持ち歩かなくても決済ができる。銀行がごまかしているとか、ローンの支払い期限が過ぎたのに払い続けている、なんてことは考えもしない。信用して「お任せ」すれば、細かなことには煩わされずに済むのが普通になっている。このように、①私たちには「お任せ」の体質が染み込んでしまった。それは社会の信頼度が増したことを意味するのだが（銀行を信用せず、タンス預金をしたり金塊を地下に隠したりすることは少なくなった）、それが及ぼしている弊害も多くなっていることに注意すべきだろう。

情報を得るにしても「お任せ」の態度ではないだろうか。テレビや新聞、そして今やインターネットから情報を得ることが多くなっている。しかし、果たしてその情報が正しいと言えるのだろうか。むろん、私たちは独力ですべての情報を収集して真偽を確かめることができないから、それらのメディアに頼らざるを得ない。［A］、いっそうメディアの言うことは［X］受け取らねばならないのだ。複数のメディアを比較したり、メディアでは報じられない事実を探ったりする努力が必要なのである。［B］、テレビが言っていたことをそのまま信じ込んだり、誰もがそう言っているからという理由だけで信用してしまったりする。（納豆がダイエットに効くとテレビが報道したために、スーパーの納豆が売り切れてしまったという事件が典型的だろう。）そのためか、②政治が劇場型になり、政治家はテレビを活用して人々の耳目を惹きつけることに長けるようになった。

人々も客観民主主義に陥り、自分は参加せず、他人のパフォーマンスを観覧して無責任な批判をすることのみに終始する。［C］「お任せ」し続けていると、自分で考えることを忘れ、見かけの姿だけで判断するようになってしまうのだ。その結果、科学の装いをした疑似科学に手もなく騙されてしまう。［D］、一方的な情報を信じることが習い性になって、疑似宗教を疑うことなく盲信してしまう。そんな状況が生まれているのだ。

（池内了『疑似科学入門』岩波新書 出題のため一部を改変した）

注
1 ライフライン　水道やガス・電気など生命の維持に必要な設備。
2 クレジットカード　支払いの際に現金がなくても買い物ができるカード。
3 タンス預金　家庭内で保管されている現金のこと。
4 メディア　なかだちになるもの。

問一 ［A］～［D］にあてはまる語を次の中から選び、それぞれ記号で答えなさい。

ア もし　イ ところが　ウ であるからこそ　エ あるいは　オ つまり

問二 ［X］に入る慣用句を次から一つ選び、記号で答えなさい。

ア 図に乗って　イ 眉に唾をつけて　ウ 棚に上げて　エ 釘を刺して

問三 ――部①とは表向きはどういうことを意味していますか。本文中から十字以上十五字以内で探し、書きぬきなさい。

問四 ――部②とはどういうことか。説明として適当なものを次から選び記号で答えなさい。

ア 難解な部分や重要な内容を省略しメリットやわかりやすい部分のみを誇張して、メディアを通じて国民の支持を得るようになったということ。

イ それまで自分の利益のことしか考えてこなかった政治家が心を入れ替え、メディアを通じて本気で国のことを考えるようになったということ。

ウ 日本のことだけでなく海外との交易についてメディアを通じて国民の指示をあおぎ、より良い国づくりのために力をつくすようになったということ。

エ 政治家の意志だけでなく経歴や人生経験までもメディアを通じて公表し、政治に対する国民の関心を集めるようになったということ。

問五　「お任せ」が続くことによってどのようになると筆者は心配しているか、心配の内容を本文中から三十三字で探し、最初と最後の五字をそれぞれ書きぬきなさい。

問六　あなたの身の周りの「お任せ」について、本文の内容以外で具体例をあげて説明しなさい。

七

次の文章を読んであとの問いに答えなさい。なお、字数を数える場合は句読点を含むものとします。

【これまでのあらすじ】

少年のクラスでは、学級委員を男女二人ずつ投票で決定していた。三学期の投票で、少年は、投票用紙の男子の欄に、梶間（かじま）くんと榎本（えのもと）くんの名前を書いた。しかし、途中で、梶間くんを紺野（こんの）くんの名前に、榎本くんを自分の名前に変えて投票した。

少年は当選した。十五票。榎本くんとは一票差だった。「ちぇっ、一瞬（しゅん）期待して損したじゃんよお、カッコ悪ーう！」と榎本くんは甲高（かんだか）い声で言って、両手をおどけて［A］させた。頬（ほお）が赤い。教室じゅうを見回しているのに、誰（だれ）とも目を合わせていない。

少年の頬も赤かった。誰とも目を合わせず、①黒板に並ぶ「正」やできかけの「正」をじっと、にらむように見つめていた。

エノちゃんもおんなじだったんだ、と思った。②あいつも俺（おれ）とおんなじで、胸がどきどきして、むしゃくしゃしていたのかもしれない。ほんとうはカジだって、他の奴らだって、おんなじだったのかもしれない。

「じゃあ、委員になったひとは前に出て、一言ずつ挨拶してください」と先生が言った。女子の二人と梶間くんに遅れて、少年は［B］と席を立った。当選して断るなんて、やっぱりできない。そんなの最初からできるわけなかったんだよバーカバーカ、死ねバーカ、と自分をなじった。

うつむいて歩きだしたら、紺野くんの顔がちらりと目に入った。結局一票だけで終わった紺野くんは、こっちを見て、やったね、というふうに笑っていた。三つの「正」の中には、紺野くんが入れてくれた一票も含まれているのだろう、きっと。

少年は梶間くんたちと並んで黒板の前に立ち、みんなと向き合った。榎本くんを見られない。③もしかしたら字の書き癖（ぐせ）で……と思うと、怖くて、先生のほうも向けない。選挙が終わった瞬間には荷物を下ろしたように軽くなった気分が、いまはまた重い。さっきよりずっと重くて、苦くて、悔しくて、悲しい。

梶間くんは「三学期は短いけど、一所懸（けん）命がんばるから、みんなも協力してください」と胸を張って、大きな声で挨拶をした。

少年は横を向いて、「ぼくも同じです」とだけ言った。

「それだけ？」

先生の声に、思わずひるんで振り向いた。先生は窓を背にして立っていた。外の陽射（ひざ）しがまぶしくて顔がよく見えない。

「当選したひとは『正しい』がたくさんあったんだから、挨拶も、きちんと、正しい挨拶にしなさい」

意味のわかった何人かが笑った。少年にもわかったから逃げるように正面を向いた。

た。紺野くんもいる。挨拶のあとの拍手に備えて、相撲の土俵入りみたいに手を開いて、少年と目が合うと、すげえーっ、カッコいーい、と口だけ動かして、また笑った。

榎本くんはもうふだんの調子に戻って、隣の女子の浅井さんと小声でおしゃべりしていた。紺野くんもいる。挨拶のあとの拍手に備えて、相撲の土俵入りみたいに手を開いて、少年と目が合うと、すげえーっ、カッコいーい、と口だけ動かして、また笑った。

少年は目をそらす。④気をつけをして、軽くつま先立って、息を吐きながら踵を下ろした。いつか先生に教わった、緊張しないで挨拶をするときのコツだ。

「ぼくも……一所懸命、がんばります」

ちゃんと言えた。

「よろしくお願いします」と頭を下げると、先生が「はい、新しい学級委員に拍手ーっ」と言った。⑤みんなの拍手に包まれると、急に胸が熱くなって、涙が出そうになった。

「じゃあ、みんなはこれで下校でーす、学級委員の初仕事、黒板の字を消してくださーい」

教室は椅子を引く音やランドセルの蓋を閉める音やおしゃべりの声で騒がしくなった。

黒板消しを手にした少年は、まっさきに自分の名前と三つの「正」を消した。次に、紺野くんの名前を消し、「一」を消した。

榎本くんの名前の前に立って、あと一本あれば完成していた三つめの「正」の、ほんとうなら最後の横棒が入っていたところをしばらく見つめてから、名前と「正」をまとめてひと拭きで消した。

先生に名前を呼ばれた。軽くてやわらかな、歌うような口調だった。

振り向くと、さっきと同じ場所に立っていた先生は、「学級委員の仕事、しっかりがんばりなさいよ」と笑った。

少年は黙ってうなずいた。笑い返したかったが、⑥頬の力を抜いたら、違う顔になってしまいそうだった。

教卓のそばまで、紺野くんが来た。「終わったら、一緒に帰ろうぜ」と少年に言った。今度も、なにも応えられなかった。黒板に向き直って、自分の名前があった場所を、また黒板消しで拭いた。何度も何度も拭いた。

書記をつとめた日直の藍原くんがよほど強く書いたのだろう、⑦三つめの「正」は、どんなに拭いても、いつまでもうっすらと跡が残っていた。

（重松清「正」『小学五年生』所収 文春文庫刊より 出題のため一部を改変した）

問一 [A] [B] にあてはまる言葉を次の中から一つずつ選び、記号で答えなさい。

ア どきどき　イ きらきら　ウ どんどん　エ ひらひら　オ のろのろ

問二 ――部①「黒板に並ぶ『正』」とありますが、少年にはいくつの「正」が並んだのかその数を答えなさい。

問三 ――部②「あいつも俺とおんなじ」とは、どういうことですか。誰と誰の、どのような気持ちが同じなのかを明確にして、説明しなさい。

問四　――部③「もしかしたら字の書き癖で……と思うと」の「……」と省略された部分を次から一つ選び、記号で答えなさい。

ア　先生は、自分が自分自身に投票したことに気づくのでは
イ　先生は、紺野くんが自分に投票したことに気づくのでは
ウ　榎本くんは、自分が自分自身に投票したことに気づくのでは
エ　榎本くんは、紺野くんが自分に投票したことに気づくのでは

問五　――部④「気をつけをして……踵(かかと)を下ろした」は、どんな意味のある動作ですか。本文中の言葉十六字で書きぬきなさい。

問六　――部⑤「みんなの……涙が出そうになった」とき、少年はどんな気持ちでしたか。次から一つ選び、記号で答えなさい。

ア　かなしさ　　イ　うれしさ　　ウ　たのしさ　　エ　くやしさ

問七　――部⑥「頬の力を抜いたら、違う顔になってしまいそうだった。」とありますが、どんな顔になってしまいそうですか。次から一つ選び、記号で答えなさい。

ア　おこった顔　　イ　やつれた顔　　ウ　せつない顔　　エ　にやけた顔

問八　――部⑤「三つめの『正』は……跡が残っていた」という表現に隠された少年の気持ちを次の中から一つ選び、記号で答えなさい。

ア　学級委員に当選した証拠である「正」の字を消したくない気持ち。
イ　「正」の字を強く書いた藍原くんをうらめしく思う気持ち。
ウ　早く消さないと自分を待つ紺野くんにもうしわけない気持ち。
エ　自分に投票したことが心にずっといすわるしずんだ気持ち。

六

問一 A B C D
問二
問三
問四 問五 〜
問六

七

問一 A B
問二
問三
問四
問五
問六
問七
問八

（配点非公表）

受検番号		氏名		得点	

1 次の計算をしなさい。

（1） $41-(17-10)\times 2+4$

（2） $\frac{7}{12}+0.7-\frac{1}{4}$

（3） $24\div 1.6\times\frac{2}{7}$

（4） $4\times 163+4\times 37$

通り

（4） まさはる君は家族4人でアトラクションに並んでいます。この行列にはまさはる君一家をふくめ，全部で33人が並んでいます。まさはる君たちの前には17人が並んでいます。まさはる君一家の後ろには何人の人が並んでいるでしょうか。

人

（5） まさはる君はお土産に円柱の形をしたコップを買ってもらいました。このコップに水をいっぱいに入れると640 mL入りました。コップの直径が8 cmであるとき，このコップの高さは何cmでしょうか。
円周率を3.14として計算し，小数第1位を四捨五入して，整数で答えなさい。

cm

2024(R6) 静岡北中
教英出版

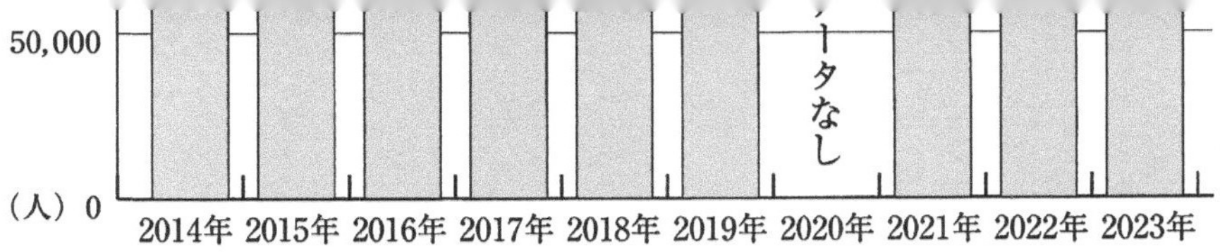

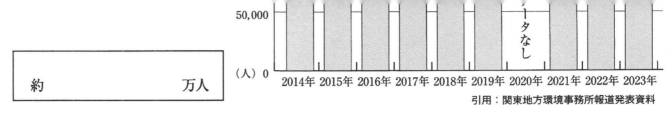

引用：関東地方環境事務所報道発表資料

約　　　　　　万人

（3） 理論上は標高が1,000m（1km）上昇する毎に気温は約6.5℃下がることが知られています。富士山5合目から山頂へ登山し，5合目まで下山してくる間の気温の変化として，適当なグラフを（ア）～（エ）の中から1つ選びなさい。

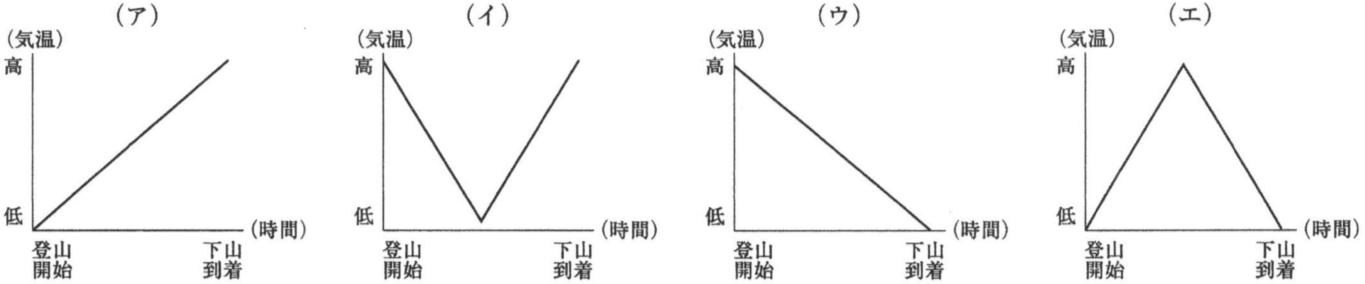

（4） グラフAの2021年から2023年に注目します。

グラフAと似たようなグラフの形になると予想できる調査には，どのようなものが考えられるか答えなさい。

調査	

2024(R6) 静岡北中
教英出版

（2） 14 円の利益を出すためには，何 kg のペットボトルキャップが必要か求めなさい。

kg

（3） ワクチン 1 人分を寄付するために必要なペットボトルキャップの個数を求めなさい。

個

（4） ある中学校の全校生徒数は 200 人です。ワクチン 15 人分を寄付するためには，1 人平均何個持ってくればよいか求めなさい。

個

4　ある中学校で，ペットボトルキャップを回収し，世界中の子どもへワクチンを寄付する活動をしています。まさはる君が調べてみると，回収されたペットボトルキャップはリサイクルされ，プラスチックの原料となります。この原料を売って得た利益20円につき１人分のワクチンを寄付していることが分かりました。グラフ１はペットボトルキャップの個数と重さの関係を表しています。グラフ２は，ペットボトルキャップの重さとプラスチックの原料を売って得た利益の関係を表しています。次の問いに答えなさい。

グラフ１

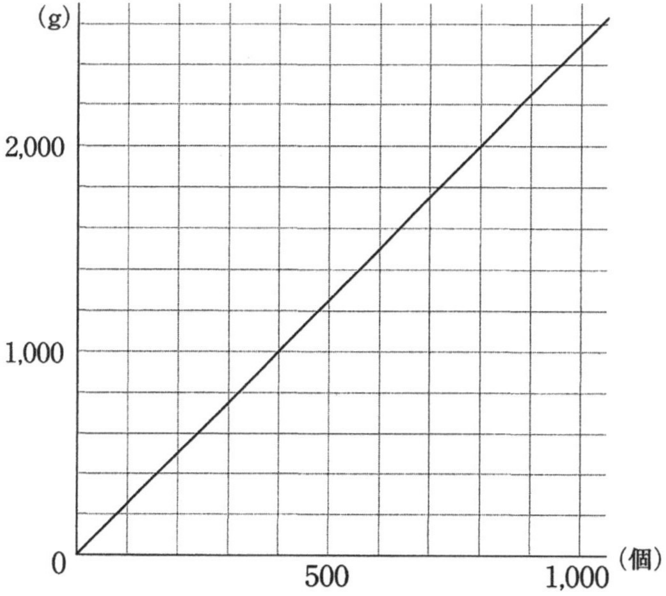

グラフ２

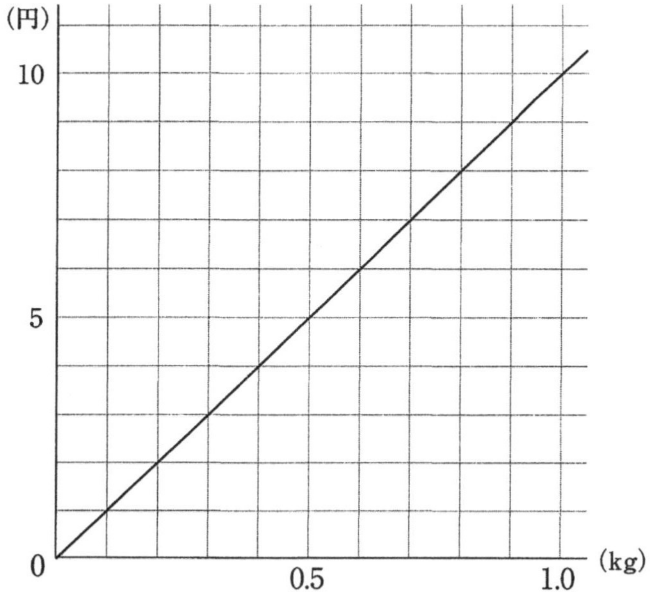

（１）　400個のペットボトルキャップが集まりました。何kgか求めなさい。

3　右の表Aは過去10年分の入国観光客数，グラフAは過去10年分の富士山の登山者数の推移を表したグラフです。ただし，グラフAの2023年は6月までの登山者数を表しています。次の問いに答えなさい。

表A

年	入国観光客数
2014	13,413,473
2015	19,737,409
2016	24,039,700
2017	28,691,073
2018	31,191,856
2019	31,882,049
2020	4,115,828
2021	245,862
2022	3,832,110
2023	10,712,396

引用：日本の観光統計データ

（1）　2021年の入国観光客数は2019年と比べ何％でしょうか。
2019年を約32,000,000人，2021年を約250,000人として計算し，小数第2位を四捨五入して答えなさい。

％

（2）　2016年の調査によると，富士山を登る外国人観光客は約3万6000～4万人でした。この数は登山者全体の14.4～16.6％をしめていることがわかりました。2022年も15％程度の割合で富士山を登る外国人観光客がいたとすると2022年は約何万人いたことになるでしょうか。

グラフA

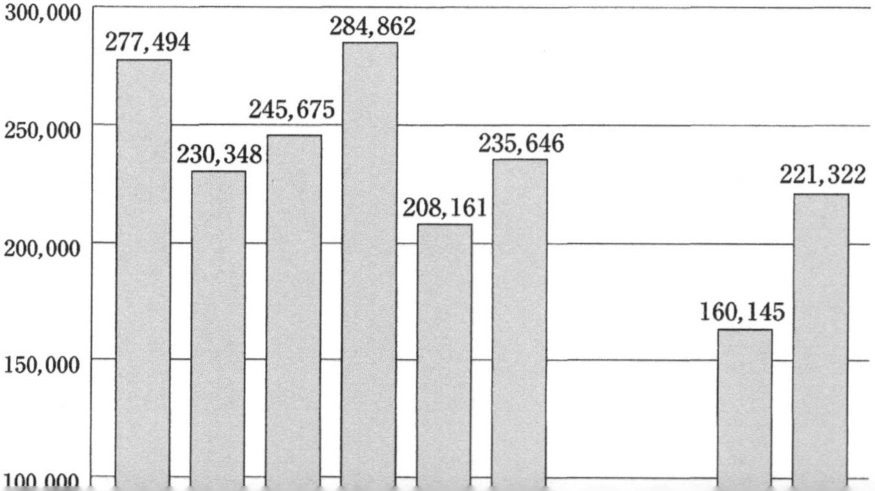

2 小学6年生のまさはる君は父，母，中学生の兄の家族4人で遊園地に行くことになりました。次の問いに答えなさい。

（1） 下の表は入場料の一覧です。この遊園地では家族割引サービスがあり，家族全員の入場料の合計から5％割引されます。一方，お父さんは会社で500円の割引券を1枚もらってきましたが，家族割引サービスと一緒には使えません。家族割引サービスと500円の割引券のどちらを利用した方が何円お得でしょうか。

大人(18歳以上)	1,500円
中学生・高校生	1,000円
小学生	500円
小学生未満	無　料

[　　　　　　] を使った方が [　　　] 円お得になる。

（2） まさはる君はゴーカートに乗りました。まさはる君は1周570mのコースを3分で走り切りました。まさはる君のカートの速さは分速何mだったでしょうか。ただし，カートの速度は一定であるとします。

分速　　　　m

（3） 昼食を食べにレストランに行き、ランチセットを注文しました。ランチセットは、メインメニュー3種類、サイドメニュー2種類，ドリンクメニュー5種類から好きなものを1種類ずつ選ぶことができます。選び方は何通りあるでしょうか。

令和６年度　　前期入学者選抜

学力検査問題

算数

注意

1．この問題用紙は、監督者の合図があるまで開いてはいけません。
2．検査時間は４５分です。
3．問題は４ページあります。どの問題から始めてもかまいません。
4．答えは、すべて解答欄にはっきり、ていねいに書いてください。
5．開始のチャイムが鳴ったら、解答用紙に受検番号、氏名を書いてから始めてください。
6．終了のチャイムと同時に筆記用具を置き、問題用紙を裏返し、監督者の指示に従ってください。

学校法人静岡理工科大学

静岡北中学校

令和六年度　前期入学者選抜　国語　学力検査　解答用紙

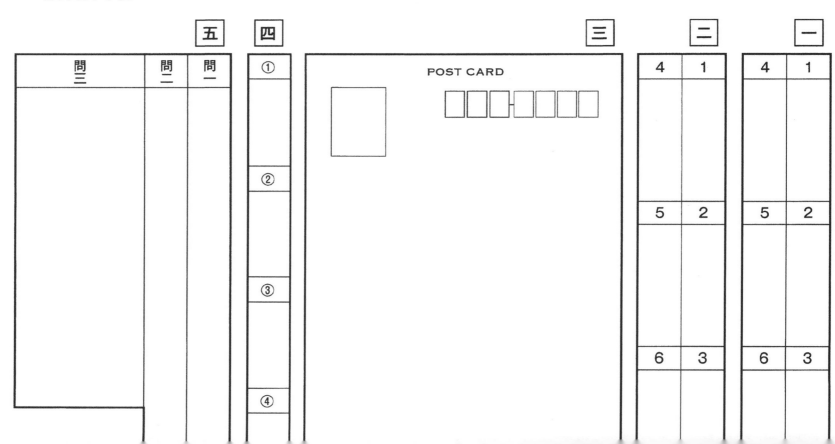

（配点非公表）

受検番号		氏名		得点	

静岡北中学校

一

1	4
2	5
3	6

二

1	4
2	5
3	6

三

POST CARD

四

①

②

③

④

五

問一

問二

問三

【解答用】

令和五年度　前期入学者選抜

学力検査問題

― 国語 ―

1　この用紙は、監督者（かんとくしゃ）の合図があるまで開いてはいけません。
2　問題は、5ページあります。どの問題から始めてもかまいません。
3　検査時間は、45分です。
4　答えは、すべて解答用紙にはっきり、ていねいに書いてください。
5　開始のチャイムが鳴ったら、解答用紙に受検番号、氏名を書いてから始めてください。
6　終了のチャイムと同時に筆記用具を置き、解答用紙の上に問題用紙を置いて、監督者の指示に従ってください。

学校法人静岡理工科大学
静岡北中学校

2023(R5) 静岡北中
K 教英出版

一

次の――部の漢字の読みをひらがなで答えなさい。

1 地域の住民と交流する。
2 能力を発揮する。
3 お墓に花を供える。
4 裁判であらそう。
5 蚕を飼う。
6 意見が異なる。

二

次の――部のカタカナを漢字に直して答えなさい。

1 台風で出発がノびる。
2 親をソンケイする。
3 ムズカしい本を読む。
4 物事をシンコクに考える。
5 数をタしてください。
6 カブシキ会社で働く。

三

次の内容を使って、解答用紙にあるはがきを完成させなさい。

あて名　北山　しずか
あて先　郵便番号４２０-０９１１　静岡市葵区瀬名五丁目１４番１号
差出人　自分の名前を使う
差出人の住所　自分の住所を使う

四

次の絵を見て、あとの問いに答えなさい。

問一　季節はいつですか。そのように思った理由も書きなさい。

問二　部屋の中にいる人物は何をしていますか。そのように思った理由も書きなさい。

問三　ここではどのような音がすると思うか一つ書きなさい。そのように思った理由も書きなさい。

五　次の「文章」はいくつの「文」からできているか、その数を答えなさい。

> 梨の花はつまらないものだとされて、手紙をむすんで人におくるのにもつかわれないし、愛らしくない人の顔つきをたとえて、その色気のなさからも梨の花のようだといったりする。けれど、中国ではほめたたえられる花で、文学のなかにもよく登場する。それなりの理由もあるのだろうとよく見れば、花びらのはしにほのかな色つやがある。中国の有名な后の泣いた顔にたとえた古い中国の詩もある。

六　次の文章を読んで、あとの問いに答えなさい。なお、字数を数える場合は句読点を含むものとします。

皆さんは「オナモミ」という雑草を知っていますか。トゲトゲした実が服にくっつくので「くっつき虫」という別名もあります。子どもの頃に、実を投げ合って遊んだ人もいるかもしれません。

①オナモミの実は知っていても、この実の中を見たことのある人は少ないのではないでしょうか。オナモミの実の中には、やや長い種子とやや短い種子の二つの種子が入っています。

二つの種子のうち、長い種子はすぐに芽を出すせっかち屋さんです。一方の短い種子は、なかなか芽を出さないのんびり屋さんです。オナモミの実は、性格の異なる二つの種子を持っているのです。

［1］、このせっかち屋の種子とのんびり屋の種子は、どちらがより優れているのでしょうか。そんなこと、わかりません。早く芽を出したほうが良いのか、遅く芽を出したほうが良いのかは場合によって変わります。

「［A］」というとおり、早く芽を出したほうがいい場合もあります。［2］、すぐに芽を出しても、そのときの環境がオナモミの生育に適しているとは限りません。「［B］」というとおり、遅く芽を出したほうがいい場合もあります。だから、オナモミは性格の異なる二つの種子を用意しているのです。

雑草の種子の中に早く芽を出すものがあったり、なかなか芽を出さないものがあったりするのも、同じ理由です。早いほうが良いのか、遅いほうが良いのか、比べることに何の意味もありません。②オナモミにとっては、どちらもあることが大切なのです。

芽を出すことが早かったり遅かったりすることは、雑草にとっては、優劣ではありません。雑草にとって、それは［X］なのです。しかし、早く芽を出すものがあったり、遅く芽を出すものがあったりすると、いろいろと不都合もありそうです。芽を出す時期は揃っているほうが良いような気もします。バラバラな個性って本当に必要なのでしょうか？

バラバラな性質のことを「遺伝的多様性」といいます。個性とは「遺伝的多様性」のことです。多様性とは「［Y］」なことです。しかし、どうしてバラバラであることが良いのでしょうか。皆さんは、学校で答えのある問題を解いています。問題には正解があり、それ以外は間違いです。③ところが自然界には、答えのないことのほうが多いのです。

［3］、先に紹介したオナモミに代表されるように、雑草にとっては、早く芽を出した

ほうがいいのか、遅く芽を出したほうがいいのか、答えはありません。早いほうがいいときがあるかもしれませんし、じっくりと芽を出したほうがいいかもしれません。環境が変われば、どちらが良いかは変わります。どちらが良いという答えがないのですから、「Z」というのが、雑草にとっては正しい答えになります。

だから、雑草はバラバラでありたがるのです。どちらが、優れているとか、どちらが劣っているという優劣はありません。4、バラバラであることが強みです。そして、すべての生物は「遺伝的多様性」を持っているのです。

じつは④人間の世界も、答えがあるようで、ないことのほうが多いのです。

（稲垣栄洋『はずれ者が進化をつくる』ちくまプリマー新書　出題のため一部を改変した）

問一　1～4にあてはまる語を次の中から選び、それぞれ記号で答えなさい。

ア　たとえば　イ　しかし　ウ　もし　エ　むしろ　オ　それでは

問二　――部①「オナモミの実」の中の絵を書きなさい。

問三　A・Bにあてはまることわざを次の中から一つずつ選び、それぞれ記号で答えなさい。

ア　急いては事をし損じる　イ　船頭のそら急ぎ　ウ　善は急げ　エ　ゆっくり急げ

問四　――部②「オナモミにとっては、どちらもあることが大切なのです。」とありますが、なぜ大切なのですか。その理由を書きなさい。

問五　X・Yにあてはまる語を本文から書きぬきなさい。（Xは二文字、Yは四文字）

問六　――部③「ところが自然界には、答えのないことのほうが多いのです」とありますが、どのようなことが考えられますか。あてはまるものには〇、あてはまらないものには×をそれぞれの解答らんに書きなさい。

ア　カーナビゲーションをたよりに山道をドライブしたが、よくわからない道を走った。
イ　計算ドリルのわり算の問題で答えが出なかった。
ウ　雨上がりの空にいつの間にか虹が出ていた。
エ　桃の木に実がなるのは三年だったが、柿は八年かかった。
オ　庭の花をみると、赤、白、黄色などいろいろの色がある。

問七　Zにあてはまる雑草にとっての正しい答えを自分で考えて書きなさい。

問八　――部④「じつは人間の世界も、答えがあるようで、ないことのほうが多いのです。」とありますが、あなたの普段の生活を思い出し、「答えがあるようで、ないこと」を考えて書きなさい。

七　次の文章を読んで、あとの問いに答えなさい。なお、字数を数える場合は句読点を含むものとします。

　私が二度目の担任をしたH中学校の二年生は、全員で九人しかいない学級だった。その中で、男子は五人。そして、驚くべきことに、五人中、四人の身長が一七〇センチを超えていた。[A]よりも、ずっと大きい。しかし、残る一人のU君の身長は、一四〇センチあるかないか。学校で一番小さかった。しかし、U君はその小ささをふんだんに生かしていた。とにかくものすごくかわいいのだ。

　背の大きさと精神年齢が比例するのかどうかわからないけど、二年生の男子はみんな大人びていた。中学二年生でありながら、[B]だった。

　普段から、「もっと静かにしろ」と、怒ることより、「若者なんだから、もうちょっと、はしゃぎなよね～」

　と、注意することのほうが多い不思議なクラスだった。

　その中で、U君は唯一、はしゃぎまくってくれた。きゃっきゃと喜び、ほかの男子がしらけ気味なレクリエーションなどにも、楽しそうに取り組んでくれた。

　当時、国語の時間に毎回漢字テストを実施していて、満点を取るとシールを貼るというシステムにしていたのだけど、①やっぱり二年の男子は、シールなんかには見向きもしなかった。そんなものとは無関係に、みんな淡々と満点を取っていた。そんな中、U君だけが、必死でシールを集めてくれた。ほかの男子のテストに貼ったシールも上手にはがして、自分のノートに貼りなおし、コレクションをしていた。男子はみんな②それを知っているから、シールがもらえるたびに、「はい、U君、シール」と、当然のように彼に渡していた。まるで兄弟のようで、その光景はちょっと笑えた。

　③こんなこともあった。学校のミーティング室の壁には、昔の学校行事の写真が貼ってあった。白黒の古い写真だ。誰かに似ている子どもが写っていたらしく、その写真を二年の男子たちが笑いながら見ていた。ところが、U君には写真の位置が高すぎて見えない。どうするのかなと見ていたら、U君は、

「あげて～、あげて～」

　と言うのである。

　ほかの男子が、

「もうしゃあないなあ」

　と、U君をひょいと持ち上げ、U君は写真を見ることができた。

　④まるで父と子だ。あまりのおかしさに私は爆笑してしまった。

　U君を見ていると、笑いが絶えない。だけど、彼だって、きっと心の中でいろいろ思うことがあるはずだ。

　ついうっかり、

「男子は、みんな大きいから、～してね」

　みたいな話になるときがある。そんなとき、U君は、

「一人を除いてね」

　と、先に突っ込みを入れてくれる。大きい男子に挟まれたりすると、

「小さいから、見えへん！」

　と、いすの上に乗っかったりする。

　身体測定のときも、

「一四〇の大台に乗れるかなあ～」

と、はしゃいだりする。

⑤U君がこんな風じゃなかったら、もっと、周りは気を遣ったはずだ。その小ささに、どうやって触れたらいいのかギクシャクする場面もあったはずだ。だけど、U君は、決してそんな空気を流さない。

中学生にして、それをなんなくやってしまうU君はめちゃめちゃでかい。そう思う。

(瀬尾まいこ『見えない誰かと』「ちびっこ」出題のため一部を改変した)

問一 [A] にあてはまる言葉を自分で考えて書きなさい。

問二 [B] にあてはまる四字熟語を次の中から一つ選び、記号で答えなさい。

ア 意気投合　イ 冷静沈着　ウ 弱肉強食　エ 適材適所

問三 ――部①「やっぱり二年の男子は、シールなんかには見向きもしなかった」とありますが、その理由となる部分を、本文中から十五字程度で書きぬきなさい。

問四 ――部②「それ」の内容を書きなさい。

問五 ――部③「こんなこと」の内容を本文中からさがし、最初の五字を書きぬきなさい。

問六 ――部④「まるで父と子だ」とはどういうことですか、説明としてあてはまるものを次の中から一つ選び、記号で答えなさい。

ア U君が父親のようになり、ほかの二年男子を持ち上げて、写真を見せてあげた。
イ U君が子どものようになり、ほかの二年男子に持ち上げられ、写真を見せてもらった。
ウ U君が私の父親のようで、ほかの二年男子も含めて一つの家族のようだと感じた。
エ U君が私の子どものように感じられ、写真を見ている姿をほほえましく感じた。

問七 ――部⑤とありますが、「こんな風」なU君の言葉や行動にはU君のどんな気持ちが込められていますか。あてはまるものを次の中から一つ選び、記号で答えなさい。

ア 自分から先におどけてみせて、みんなの雰囲気を和ませよう。
イ 自分から先に冗談を言って、みんなから冷笑されないようにしよう。
ウ 自分から先に悲しくなることを言って、みんなから同情されよう。
エ 自分から先にいい加減なことを言って、みんなを驚かせよう。

五

六

問一	問二	問五	問六	問七	問八
1		X	ア		
2		Y	イ		
3			ウ		
4			エ		
			オ		

問三	問四
A	
B	

七

問一	問二	問三	問四	問五	問六	問七

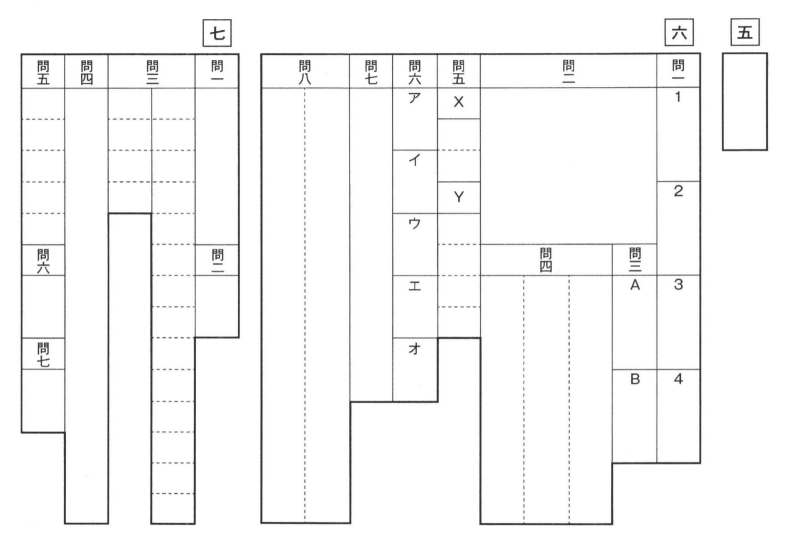

（配点非公表）

受検番号		氏名		得点	

1 次の計算をしなさい。

（1） $180-48+3\times(12-5)$

（2） $\frac{5}{8}+1.5-\frac{1}{6}$

（3） $0.24\div\frac{4}{5}\times10$

（4） $4\times63+29\times12$

（3）　まさはる君のお姉さんが友だちの誕生日会用の飾(かざ)りつけを作っていました。

お姉さん　「正八角形の周りに三角形をつけるデザインを折り紙で作るの。」

まさはる君「正八角形の各辺をのばして三角形を作るんだね。」

正八角形の周りに作る三角形はどのような三角形か答えなさい。

（4）　まさはる君はテストの結果を家族に報告しています。

まさはる君「4教科の平均点は，80点だったんだ。国語は75点で，算数は理科よりも10点低かったよ。社会は理科よりも15点高かったよ。」

家族　「なぞかけはいいから早く教えなさい。」

まさはる君の算数，理科，社会の得点を答えなさい。

算数　　　点，	理科　　　点，	社会　　　点

2023(R5) 静岡北中
K 教英出版

トボトルが出ます。5本たまるごとにそのサービスを利用すると，1年間ではおよそ何ポイントためることができるか求めなさい。ただし，1年間は52週として考えなさい。

2018	572,168	625,547	91.5
2019	552,350	593,380	93.1
2020	532,979	551,231	96.7

回収率(%)＝分子／分母
出典：PET ボトルリサイクル推進協議会 資料

ポイント

（4） 右のグラフは静岡県のごみの総排出量を表したグラフです。
くにひろ君は「ごみの量が減っているのはいいことだ。でも，なぜだろう。」と疑問をもちました。あなたなら，その理由をどのように説明しますか。また，その理由が正しいことを示すために，どのような資料が必要であるかについても説明しなさい。

静岡県のごみ総排出量（総量）グラフ

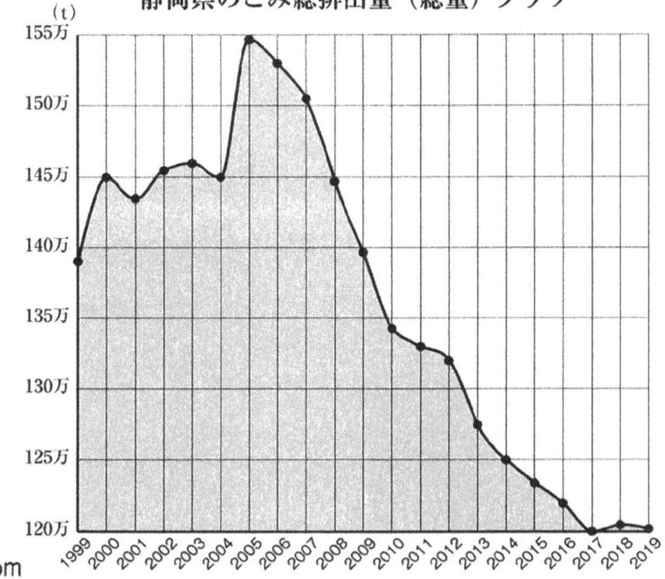

出典:静岡県 全統計データ graphtochart.com

理由	
資料	

2023(R5) 静岡北中
K 教英出版

分

（4） まさはる君は，2,400mの地点で足が痛くなり，その場に止まって3分間休みました。その後60mを30秒で走る速さでゴールまで走りました。スタートしてからゴールするまでにかかった時間を求めなさい。

<求め方>

分

4 　まさはる君は，弟といっしょに3kmを走るマラソン大会に参加しました。下のグラフは，そのときの2人の走った時間 x 分と道のり y mを表しています。次の問いに答えなさい。

（1）　スタートしてから6分後には，2人は何mはなれているか求めなさい。

m

（2）　弟が600mの地点を通過するのは，まさはる君が600mの地点を通過してから何分後か求めなさい。

分後

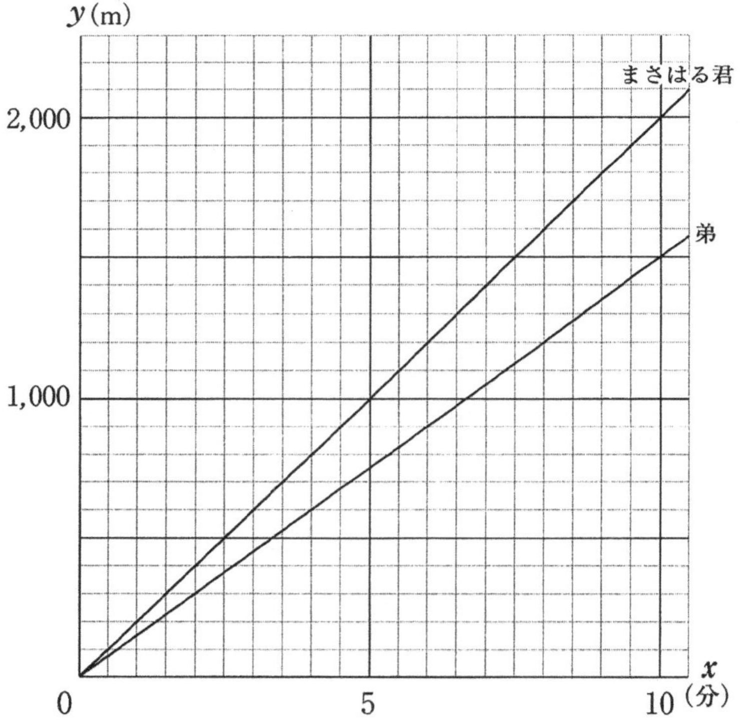

（3）　2人ともこのままの速さでゴールしたとすると，まさはる君は弟より何分速くゴールするか求めなさい。

3 次の問いに答えなさい。

（1） くにひろ君はカルピスソーダを作ることにします。カルピスの原液は500mLあるため，炭酸水を買うことにします。カルピスの原液60mLに対して炭酸水240mLを混ぜて8杯作ります。1本500mLの炭酸水の入ったペットボトルを4本買ってきました。ところが間違えてカルピスの原液60mLに対して炭酸水300mLを混ぜて作り始めてしまいました。そのため途中で炭酸水が足りなくなってしまいました。同じ濃さで8杯作るためには，炭酸水は何mL足りないか求めなさい。

mL

（2） くにひろ君はペットボトルにリサイクルのマークが表示されているのに気が付き，ペットボトルのリサイクル状況について調べたところ，右のような資料を見つけました。ペットボトルの回収率の変化を説明するのに用いるグラフとして，何グラフが適切か答えなさい。

単位：トン

年	分子 回収量	分母 PETボトル販売量	回収率％
2005	326,714	529,847	61.7
2006	360,528	543,840	66.3
2007	396,529	572,228	69.3
2008	445,457	573,105	77.7
2009	437,357	564,743	77.4
2010	430,372	596,060	72.2
2011	480,899	603,951	79.6
2012	527,236	582,896	90.5
2013	528,539	578,706	91.3
2014	532,308	569,257	93.5
2015	512,921	562,981	91.1

（3） くにひろ君は，「ペットボトルを所定の機械へ入れると，5本で1ポイント（＝1円）たまる」サービスがあることを知り

2 まさはる君と家族との会話の一場面です。次の問いに答えなさい。

（1） お父さん　「ただいま。今日のジョギングは，いつもの速さで，いつもより10分長く走ってきたよ。」

まさはる君「お父さんはいつも4.2kmを30分でジョギングしているよね。お父さんが今日走ったコースなら，僕は32分で走れるよ。」

お父さん　「そうか，それはすごいな。」

①お父さんは何 km ジョギングしたか答えなさい。

km

②まさはる君のジョギングする速さは，分速何mか答えなさい。ただし，ジョギングの速さは変わらないものとします。

分速　　　m

（2） まさはる君とお母さんはスーパーへお肉を買いに来ました。

お母さん　「どちらを買った方がおとくかしら。1,200g買いたいのよね。」

まさはる君「同じお肉なのに，商品Aは1パック300gで630円の10%引きになる。商品Bは1パック400gで値引きなしで760円だって。」

1,200gのお肉を最も安く買うためには，商品A，Bを何パック買えばよいか，理由を書いて答えなさい。

<理由>

令和５年度　　前期入学者選抜

学　力　検　査　問　題

算　数

注意

1．この問題用紙は、監督者の合図があるまで開いてはいけません。
2．検査時間は４５分です。
3．問題は４ページあります。どの問題から始めてもかまいません。
4．答えは、すべて解答欄にはっきり、ていねいに書いてください。
5．開始のチャイムが鳴ったら、解答用紙に受検番号、氏名を書いてから始めてください。
6．終了のチャイムと同時に筆記用具を置き、問題用紙を裏返し、監督者の指示に従ってください。

学校法人静岡理工科大学

静 岡 北 中 学 校

令和五年度　前期入学者選抜　国語　学力検査　解答用紙

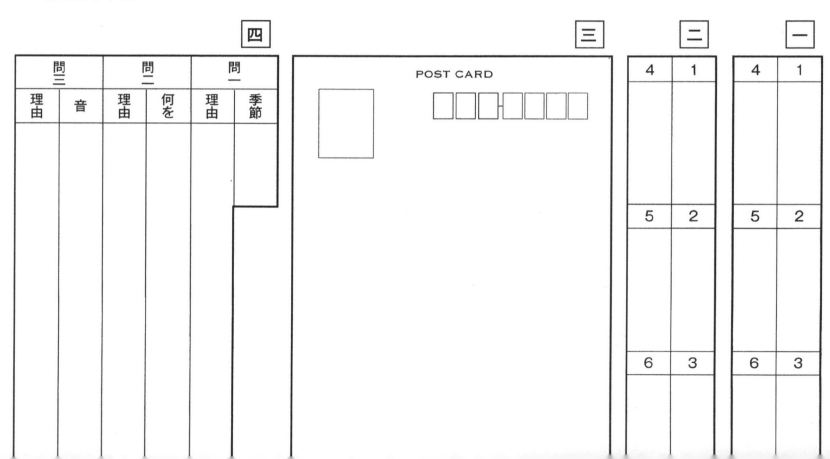

（配点非公表）

受検番号		氏名		得点	

静岡北中学校

一

1	4
2	5
3	6

二

1	4
2	5
3	6

三

POST CARD

四

問一		問二		問三	
季節	理由	何を	理由	音	理由

【解答用

令和四年度　前期入学者選抜

学力検査問題

―― 国　語 ――

1　この用紙は、監督者（かんとくしゃ）の合図があるまで開いてはいけません。
2　問題は、7ページあります。どの問題から始めてもかまいません。
3　検査時間は、45分です。
4　答えは、すべて解答用紙にはっきり、ていねいに書いてください。
5　開始のチャイムが鳴ったら、解答用紙に受検番号、氏名を書いてから始めてください。
6　終了のチャイムと同時に筆記用具を置き、解答用紙の上に問題用紙を置いて、監督者の指示に従ってください。

学校法人静岡理工科大学
静岡北中学校

2022(R4) 静岡北中
教英出版

一 次の——部の漢字の読みをひらがなで答えなさい。

1 均等に分ける。
2 類似の品物があった。
3 動物を介して広がる。
4 現在の状況を維持する。
5 困難を乗り越える。
6 法改正は道半ばである。

二 次の——部のカタカナを漢字に直して答えなさい。

1 ハネを広げる。
2 新しい働き方をドウニュウする。
3 商品がヨブンだ。
4 若者から熱くシジされる。
5 コウフクな人生を送りたい。
6 ホームシアターでジョウエイする。

三 太郎君は、友達に二泊三日のキャンプに行く持ち物の説明をしています。

> 僕は、長ズボンと洗面道具を持っていきます。Tシャツと靴下も必要です。トレーナーは二枚持っていきます。タオルは一本です。Tシャツはもう一枚あった方がいいかな。それと靴下(くつした)も。あと、ジャージのズボンが一本あると便利です。雨具も忘れずに！

問一　太郎君の説明は、整理されていないのでわかりにくくなっています。絵を見ながら、持って行く物の数を答えなさい。

トレーナー	①	枚	靴下	②	足
Tシャツ	③	枚	雨具	④	枚
長ズボン	⑤	本	洗面用具	⑥	組
ジャージのズボン	⑦	本	タオル	⑧	本

問二　太郎君の説明はいきなり始まっていて何の説明かわかりにくいです。どのような文を最初に入れるとわかりやすくなりますか。答えなさい。

四

次の文章中に「主語」を三カ所入れて、わかりやすい文章にしなさい。なお解答は解答らんに、例のように示しなさい。

例　朝、ぼくが寝ていると、（誰かが）起こしました。

きつねとたぬきがまんじゅうを三つ見つけました。きつねが一つ食べるとたぬきも一つ食べました。一つ残りました。すると、さっとつかんで、パクッと食べてしまいました。たぬきはおこって、「ずるいよ。」と言いましたが「あばよ。」と言って、にげていってしまいました。

五

良太君が、フランスの国旗の描写（びょうしゃ）に必要な情報を整理します。①「形」、②「模様」、③「色」について、あとの［　］に示した中からふさわしい言葉を入れなさい。

① 形

② 模様

③ 色

真ん中から	横長の長方形	三本	横じま
縦じま	右から	青・白・赤	四角形
三色			
白・赤・青	はばは同じ	左から	しまもよう
赤・青・白	縦長の長方形	縦２横３の割合	

（青）　（白）　（赤）

六

次の文章を読んで、あとの問いに答えなさい。なお、字数を数える場合は句読点を含むものとします。

今日は［A］というタイトルでお話をします。しかしその前に「なぜ考える必要があるのだろうか」ということを考えてみたいと思います。

皆さんも学校で先生から「しっかり考えるように」と言われますよね？　では、①何のために考えるのか。考える目的とは何かということまで考えろとは言われない。

今日は一つそこのところにまず問いを立ててみたいと思います。

しかし、このことを考えだすとものすごく時間がかかるので、とりあえず、私が仮説として出した答えを披露（ひろう）してみましょう。

何のために私たちは考えるのか？　それは「自分にとって何が一番得なのか、それを知りたい」からなんです。

え？　そんな功利的な答えでいいの？　そう思うかもしれません。いくらなんでも、考えることの目的がそんな利己的なことでいいの？

ところが、考える目的というのを徹底（てってい）的に考えていくと、結局、それしかないんです。

これこそが、②あらゆる考えることの原点なんです。人間は自分の得にならないことは絶対にしません。そこのところを、まず押さえておかなければいけません。

ところで、不思議なことに、「自分にとって何が一番得なのか」ということを［B］に考えると、答えは「自分にとってだけ一番得になること」からどんどん遠ざかっていくのです。ただ、中学生、高校生の段階で「自分にとって一番得になることは何だろう」と考えると、③単純な答えしか出てこないのは仕方ありません。まだ、考えるための方法を学んでいないからです。しかし、中学生、高校生でも、ものごとをしっかり考えるたちの人には、「自分にとって一番得なこと」というのは決して単純なことではないことがわかってくるはずなのです。

実をいうと、④これが「哲学」なのです。「考えるとは何だろう」「自分にとって一番得なのは何だろう」という問題を、とことん突（つ）き詰（つ）めて考えていくと、それは自動的に哲学になってしまうのです。

［C］、今はそこまで行かなくてもいいでしょう。

「考えろ、と言われたって、いったい、考えることが何のためになるのだろう」という疑問だけを心にとめておいてください。

（鹿島茂『学ぶということ』ちくまプリマー新書　出題のため一部を改変した）

問一　［A］にあてはまる言葉を次の中から一つ選び、記号で答えなさい。

ア「聞く方法」　イ「話す方法」　ウ「見る方法」　エ「考える方法」

問二　――部①「何のために考えるのか」とありますが、これについて筆者はどのような答えを出していますか。本文中から二十二字で抜き出し、最初と最後の五字を答えなさい。

問三　――部②「あらゆる考えることの原点」とは、どのようなことですか。二十五字以内で答えなさい。

問四　［B］にあてはまる語を本文中から三字で書き抜きなさい。

問五　――部③「単純な答えしか出てこない」とありますが、それはなぜですか。理由を書きなさい。

問六　――部④「これが『哲学』なのです」とありますが、筆者の考えとしてふさわしいものを次の中から一つ選び、記号で答えなさい。

ア　周囲への迷惑を考えずに行動すること。
イ　自分にとって最も良いことは何か考えること。
ウ　自分がやりたくないことはやらないこと。
エ　自分で考えることをせず他人任せにすること。

問七　[C] にあてはまる言葉を次の中から一つ選び、記号で答えなさい。

ア　しかし　　イ　そして　　ウ　また　　エ　だから

七

次の文章を読んで、あとの問いに答えなさい。なお、字数を数える場合は句読点を含むものとします。

①狭い我家は、一人になれる場所なんか、トイレしかない。私は、広一くんからの手紙をトイレで読む気にはなれなかったから、秋に彼と自転車の練習をした東公園に出かけた。

十二月の公園は、土が白っぽくひびわれ、葉の落ちたケヤキやイチョウの枝が、青い空に [A] 突き刺さっている。セーター一枚で出てきたから、氷の風がはだにしみる。寒い。

土曜の午後だった。高校生くらいのカップルが、ひどく深刻な顔つきでベンチに座っていた。犬を連れた七、八歳の男の子が二人、広場を走りまわっている。他に人影は見えず公園はがらんとして静かだった。

私はカップルからできるだけ離れたベンチに座り、白い事務用封筒を開けた。

やはり、白い便箋が一枚。北風が [B] と便箋をはためかせて、中の文字まで吹き飛ばしそうな勢い。

短い手紙だった。

『お元気ですか？　急に引っ越すことになりばたばたしていて連絡が遅れました。喧嘩したままでイヤだったけど、どうも、電話ができませんでした。また、会えるといいね。

それじゃ、お元気で』

なんて、そっけない。目を合わさずに、いやいやしゃべっている言葉みたいだ。

②私は胸がぎゅうぎゅうした。

喧嘩は、つまらない喧嘩だった。この公園で、自転車の練習をした時、広一くんが、あんまりイクジナシの憶病者の鈍になったので私はかんしゃくをおこしたのだ。最高の男の子が、最低の男の子に変わるなんて、まったく許せなかった。

その喧嘩以来、私たちは会っていない。

私のかんしゃくなんて夏の夕立みたいで、しょっちゅうなのに、③広一くんは、雷にやられたイチョウの木のように、燃えてコゲて、怒って傷ついてしまった。

私は、手紙を封筒に戻して、あたりを見まわした。美男でも美女でもないカップルは、手をつないで、池のほうへ歩いていた。赤とグレーのスタジャン、赤と緑のチェックのハーフ・コート。色のない十二月の景色の中で彼らは、とても暖かく見えた。
男の子たちとコリーは、キャッチボールをしている。
④私は、早く大人になりたいと思った。
大人になれば、つまらない喧嘩をしたり、つまらない手紙をもらったりしないだろう。こんな冬の日にぴったりの、好きな色のコートを買って、一番好きな人と手をつないで、風の中を一日中だって歩ける。

進は、手紙の内容を聞いてこなかった。一人で[C]返事を書いて出してしまい、私は、ノケモノにされたような気がした。
だって、返事なんて、何を書くのよ。
――引っ越しちゃって残念です。喧嘩のことはもういいです。また、会えるといいね――
――引っ越しちゃって残念です。喧嘩のことはゴメンナサイ。また、会えるといいね――
『また、会えるといいね』なんて、つまんない言葉。だって、隣の県じゃない。そう思ったら、ほんとに会いにくればいいのよ。
⑤返事を書けずにイライラした。
⑥ピアノ教室に通い始めたのも、イライラに拍車をかけた。あいつがピアノを弾いてどうするの。広一くんのマネなのは、わかりきってる。イヤなやつだ。私はピアノのお稽古は大嫌いだし、お化けの出そうなハノンなんか聴かされたくないんだから。
でも、私は黙って、弟を見張っていた。ピアノを始めるくらいなら、そのうち、きっと広一くんに会うだろうと思ったのだ。
ところが、一向にそんな様子はなかった。
進は熱心にハノンとバイエルを練習し、私は不熱心にバッハインベンションとソナチネをお稽古した。そんなふうに冬は過ぎた。
やがて、春が来て、私は中学に進んだ。
ついに手紙の返事は出しそびれ、ピアノもやめた私は、楽譜を全部、弟に譲り渡した。

（佐藤多佳子「ホワイト・ピアノ」『サマータイム』所収　新潮文庫刊　出題のため一部を改変した）

注　ハノンとバイエル：ハノンはフランスの作曲家ハノンが作曲した単調なピアノの練習曲集。バイエルは初歩の練習曲集。

問一　――部①「狭い我家は、一人になれる場所なんか、トイレしかない」とありますが、「私」はどうして一人になりたかったのですか。その理由としてふさわしいものを次の中から一つ選び、記号で答えなさい。

ア　広一くんの手紙を読んでいるところを、弟や家族に見られたくなかったから。
イ　広一くんに手紙の返事をすぐに出した弟にノケモノにされたように思ったから。
ウ　広一くんの手紙はトイレではなく、一緒に過ごした公園で読むべきだと思ったから。
エ　広一くんの手紙を読んで、泣いてしまうかも知れないと思ったから。

問二　[A]～[C]に、あてはまる言葉を次の中から一つずつ選び、記号で答えなさい。ただし、記号はそれぞれ一度しか使えません。

ア　びゅうびゅう　イ　ばたばた　ウ　つんつん　エ　ぶすぶす
オ　さっさと　カ　ちゃっかりと

問三　――部②「私は胸がぎゅうぎゅうした」とありますが、それはなぜですか。理由を書きなさい。

問四　――部③「広一くんは、雷にやられたイチョウの木のように、燃えてコゲて、怒って傷ついてしまった。」とありますが、広一くんはなぜ、「怒って、傷ついてしまった」のですか。その理由としてふさわしいものを次の中から一つ選び、記号で答えなさい。

ア　「私」がかんしゃくを起こしたことで、プライドを傷つけられたから。
イ　広一くんが自転車に乗れないことを「私」が「最低の男の子」と言ったから。
ウ　広一くんは引っ越すことが分かっていて名誉回復の機会はないと思ったから。
エ　「私」のかんしゃくは夏の夕立のようにすぐに去って行くと知らなかったから。

問五　――部④「私は、早く大人になりたいと思った」とありますが、この時の「私」の気持ちとして、ふさわしいものを次の中から一つ選び、記号で答えなさい。

ア　美男美女でもないカップルがカラフルな装いで手をつないでいるのが暖かく見えてうらやましい気持ち。
イ　大人になれば、つまらない喧嘩をしたり、つまらない手紙をもらったりしないだろうという気持ち。
ウ　大人になれば、最高の男が、最低の男に変わってしまうようなことは、起こらないだろうという気持ち。
エ　大人になれば、異性からの手紙の返事を書くのに困ったり、悩んだりしないだろうという気持ち。

問六　――部⑤「返事を書けずにイライラした」とありますが、なぜ返事を書けなかったのですか、その説明としてふさわしいものを次の中から一つ選び、記号で答えなさい。

ア　弟が一人で返事を出してしまい、早く出すように急かされたから。
イ　ていねいで失礼のない手紙を心がけて何度も書き直したから。
ウ　広一君とはもう二度と会いたくないと思っているから。
エ　広一の手紙の言葉を目を合わさずいやいやしゃべっているかのように感じたから。

問七　――部⑥「ピアノ教室に通い始めたのも、イライラに拍車をかけた」とありますが、この時の「私」の気持ちとしてふさわしいものを次から一つ選び、記号で答えなさい。

ア　広一くんと喧嘩したまま別れたことを気にしないようにしているのに、広一くんのマネをして弟がピアノの練習を始めたことを無神経に思う気持ち。
イ　広一くんと喧嘩したまま別れたことで落ちこんでいるのに、嫌いなハノンを聞かされて不快に思う気持ち。
ウ　広一くんと喧嘩したまま別れたことを残念に思っていたが、ピアノを始めた弟が広一くんと会うのではないかと疑っている。
エ　広一くんと喧嘩したまま別れたことで割り切れない思いでいたが、弟はこっそり広一くんと連絡を取りあってピアノを始めたのではないかとねたんでいる。

五

①形

②模様

③色

六

問一

問二

問三

問四

問五

問六

問七

七

問一

問二

A

B

C

問三

問四

問五

問六

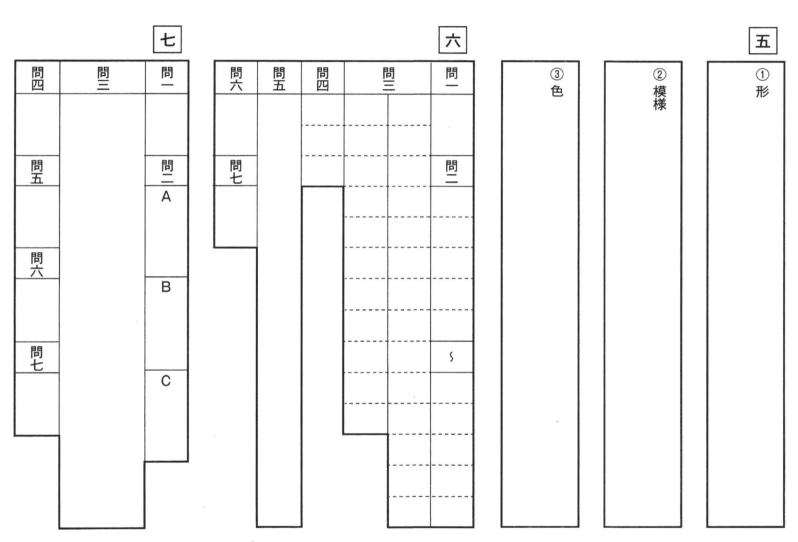

問七

受検番号		氏名		得点	

1 次の計算をしなさい。

（1） $17-8+4\times(2.1-0.6)$

（2） $\frac{10}{7}+1.2-\frac{1}{5}$

（3） $0.25\div\frac{4}{3}\times1.6$

（4） $1.234\times3+987.66\times0.3$

2022(R4) 静岡北中
教英出版

通り

（4） 家に帰り，調理を始めました。まさはる君が人参を切ると，断面が下のようなおうぎ形になりました。このおうぎ形の面積を求めなさい。ただし，円周率は3.14とします。

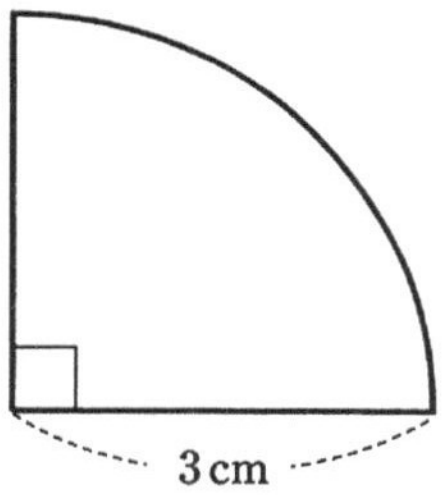

cm^2

（5） かつおだしとしょうゆの比が3：4で味付けをします。今回はかつおだしとしょうゆを合わせて315mL必要です。しょうゆは何mL必要か求めなさい。

mL

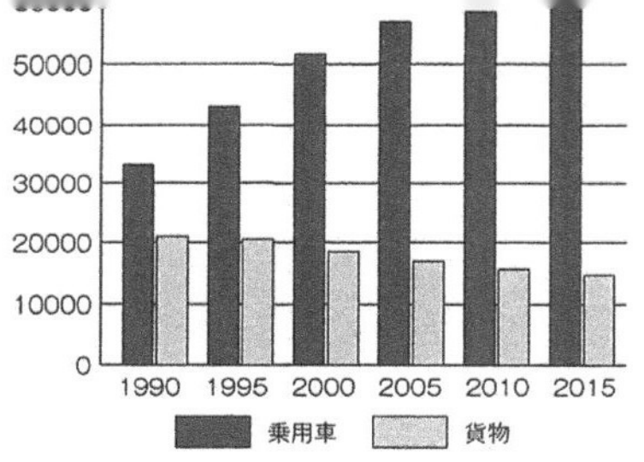

グラフ①

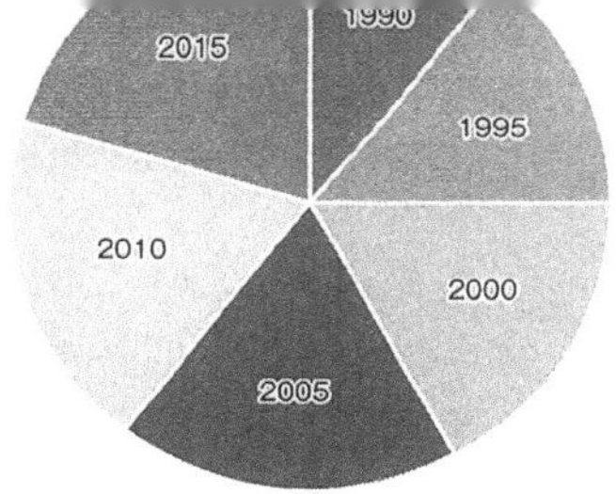

グラフ②

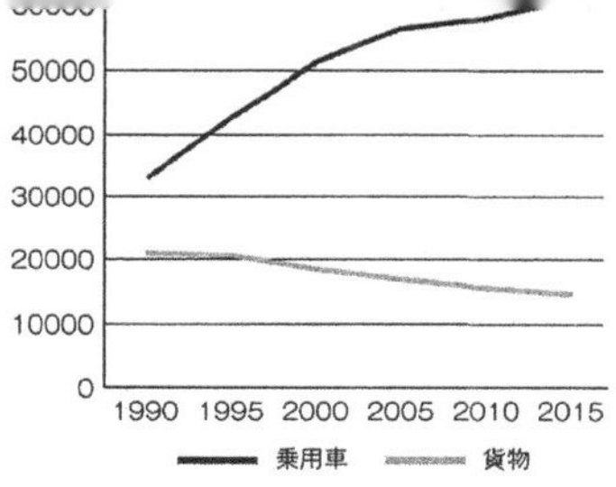

グラフ③

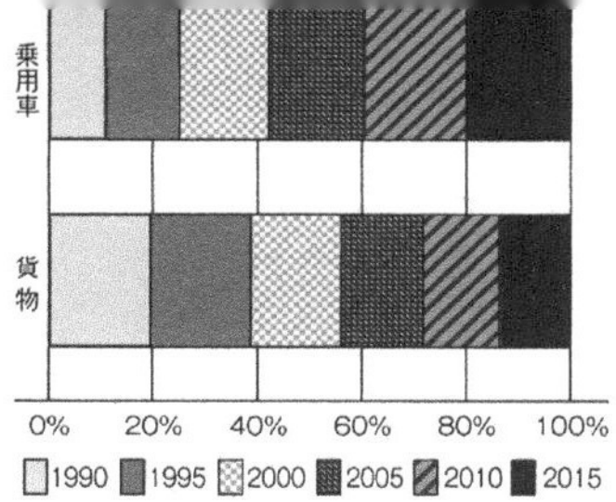

グラフ④

（4） まさはる君は，「貨物車の台数が減っているのはなぜだろう。」と疑問をもちました。あなたなら，その理由をどのように説明しますか。また，その理由が正しいことを示すために，どのような資料が必要であるかについても説明しなさい。

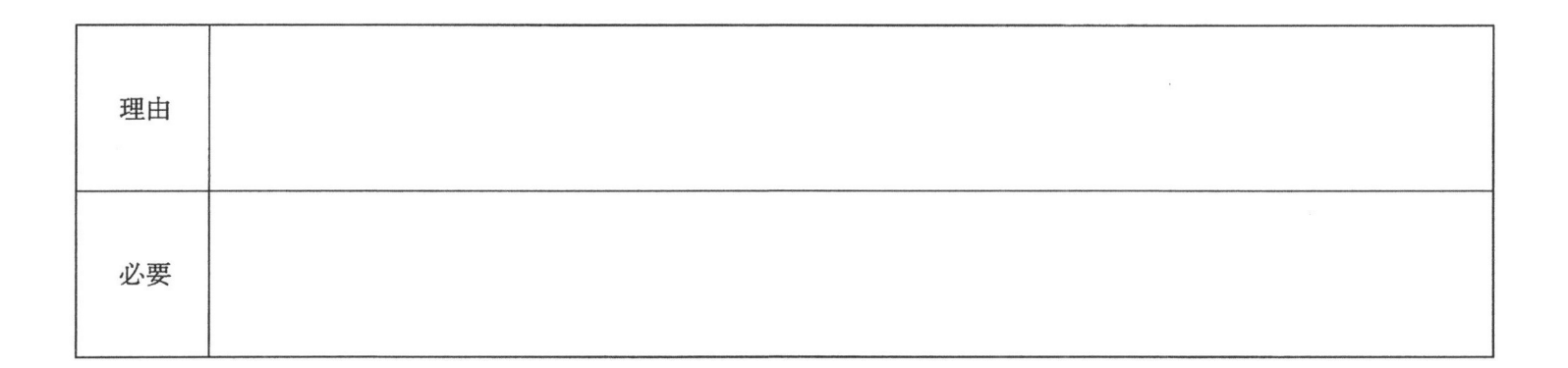

理由	
必要	

| 個 |

（５） 工作する箱の底面は，縦８cmと横３cmの長方形とします。工作用紙は，縦11cm と横14cm の長方形１枚を使います。展開図を答えなさい。

〈工作用紙〉

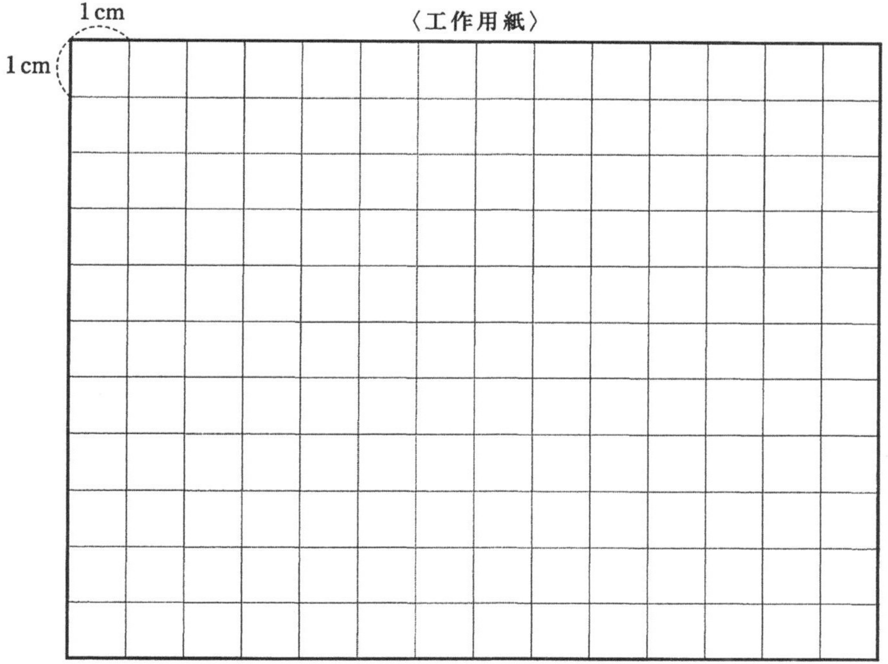

4　まさはるくんは円柱の形をしたお菓子を入れるために，ふたのない直方体の箱を工作します。円柱の形をしたお菓子は底面の直径1.8cm，高さ3cmです。ふたのない直方体の箱は底面積24cm²，高さ4cmです。また，箱は1枚の長方形の工作用紙から切り出して組み立てます。次の問いに答えなさい。

（1）　箱の底面の縦 x cmと横 y cmの関係を式に表しなさい。

（2）　底面の縦 x cmと横 y cmの関係をグラフに表しなさい。

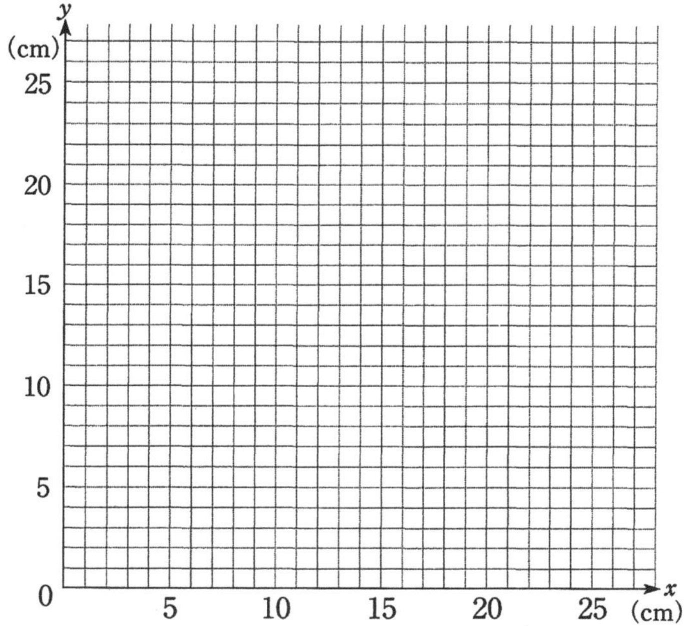

（3）　円柱の形をしたお菓子1個の体積を求めなさい。ただし，円周率は3.14とする。答えは小数第2位を四捨五入して答えなさい。

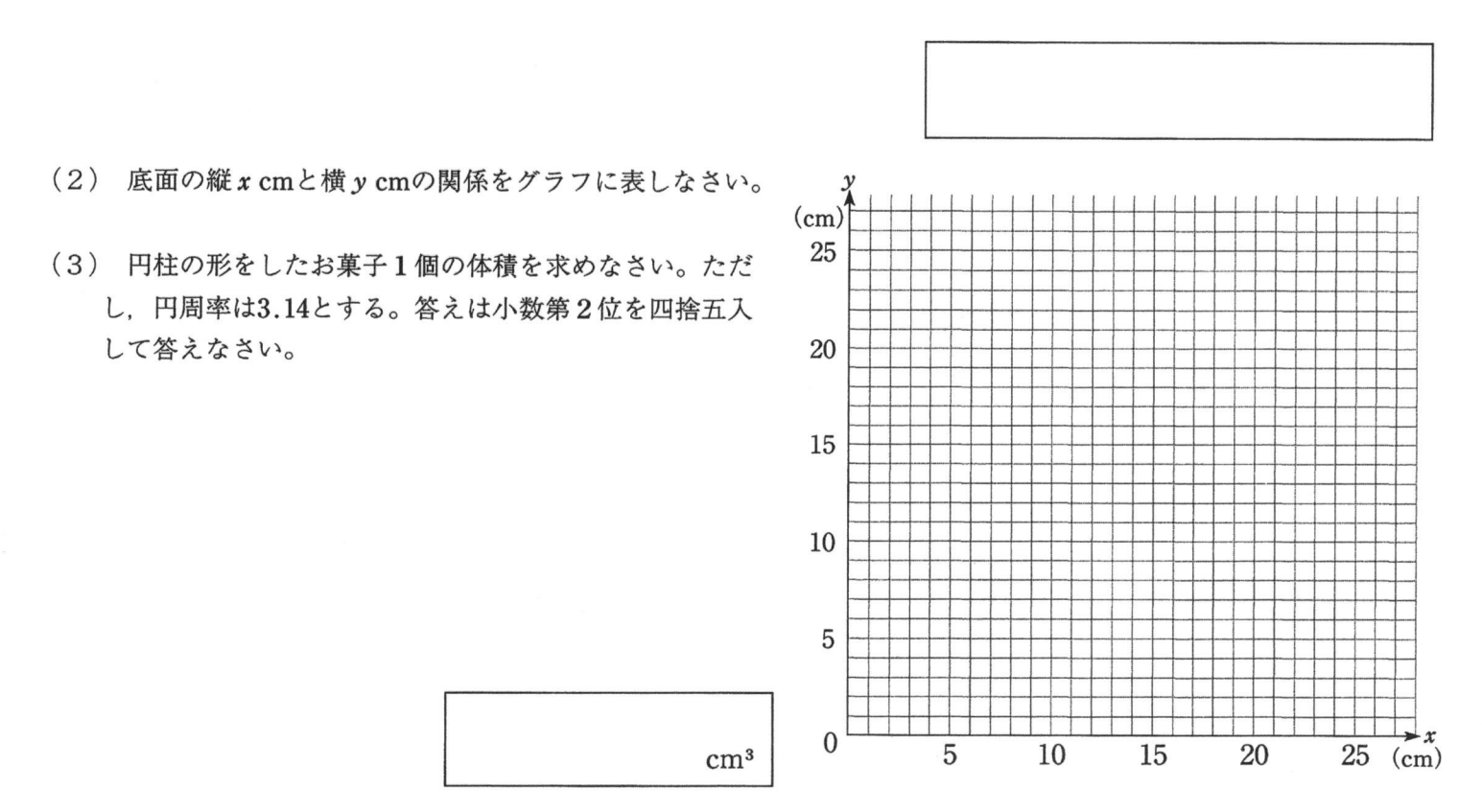

cm³

（4）　箱の底面が縦6cmと横4cmの長方形とした場合，最大で何個のお菓子を入れることができるかを求めなさい。た

3　右の表1は全国の自動車保有台数の移り変わりを表したものである。資料を読み取り，次の問いに答えなさい。

※貨物車 … 荷物を運ぶ車（主にトラック）
　乗合車 … 一定の運賃で客を乗せる車（主にバス）

（千台）

年代	乗用車	貨物車	乗合車	二輪車
1990	32,938	20,944	242	2,715
1995	42,956	20,472	245	3,001
2000	51,222	18,425	236	2,993
2005	56,288	16,861	232	3,255
2010	57,903	15,533	228	3,517
2015	60,517	14,653	227	3,590

表1は「わが国の自動車保有動向」

（1）表1をもとにして，正しく述べられているものをすべて選びなさい。

① 年代ごとに台数が増加しているのは，乗用車と二輪車である。
② 貨物車は，使用年数がだんだんと長くなっている。
③ 2015年の二輪車の台数は，1995年の二輪車の台数のおよそ1.2倍になっている。
④ 1995年代以降，乗合車の台数は年々減少しているが，貨物車の台数は増加している。

（2）6つの年代の乗合車の平均台数を求めなさい。

千台

（3）まさはる君は，「6つの年代の乗用車と貨物車の保有台数を比べるためのグラフ」を作ることにします。グラフと

2 まさはる君がお母さんと一緒に肉じゃがを作る一場面です。次の問いに答えなさい。

（１） 家からスーパーまで 3.2km 離れています。まさはる君とお母さんは歩いていくと40分かかりました。2 人は分速何mで歩いたか求めなさい。

分速　　　　m

（２） まさはる君は，スーパーで必要な材料をすべて買いました。代金の合計は税込みで 5,390円でした。このスーパーでは代金の 2 %がポイントとしてつきます。今回の買い物で，何ポイントつくか求めなさい。ただし，小数第 1 位以下は切り捨てとします。

ポイント

（３） まさはる君は，6,000円払いました。店員さんは小銭トレーに 500円硬貨 1 枚，100円硬貨 1 枚，10円硬貨 1 枚を置きました。おつりの硬貨 3 枚のうち 2 枚が表となる組合わせは，全部で何通りあるか求めなさい。

令和４年度　　前期入学者選抜

学力検査問題

算数

注意

1．この問題用紙は、監督者(かんとくしゃ)の合図があるまで開いてはいけません。
2．検査時間は４５分です。
3．問題は４ページあります。どの問題から始めてもかまいません。
4．答えは、すべて解答欄(らん)にはっきり、ていねいに書いてください。
5．開始のチャイムが鳴ったら、解答用紙に受検番号、氏名を書いてから始めてください。
6．終了のチャイムと同時に筆記用具を置き、問題用紙を裏返し、監督者の指示に従ってください。

学校法人静岡理工科大学

静岡北中学校

令和４年度　前期入学者選抜　国語　学力検査　解答用紙

（配点非公表）

受検番号		氏名		得点	

静岡北中学校

一

1	2	3
4	5	6

二

1	2	3
4	5	6

三

問一

①	②	③	④
⑤	⑥	⑦	⑧

問二

四

きつねとたぬきがまんじゅうを三つ見つけまし
きつねが一つ食べるとたぬきも一つ食べました。
残りました。すると、さっとつかんで、パクッと
てしまいました。たぬきはおこって、「ずるい」
と言いましたが「あばよ。」と言って、にげて
てしまいました。

令和三年度　前期入学者選抜

学力検査問題

―国　語―

1　この用紙は、監督者(かんとくしゃ)の合図があるまで開いてはいけません。
2　問題は、５ページあります。どの問題から始めてもかまいません。
3　検査時間は、45分です。
4　答えは、すべて解答用紙にはっきり、ていねいに書いてください。
5　開始のチャイムが鳴ったら、解答用紙に受検番号、氏名を書いてから始めてください。
6　終了のチャイムと同時に筆記用具を置き、解答用紙の上に問題用紙を置いて、監督者の指示に従ってください。

学校法人静岡理工科大学
静岡北中学校

2021(R3) 静岡北中
教英出版

一 次の――線部の漢字の読みをひらがなで答えなさい。

① 不便な道具を使い続けた。
② 良質な材料を使うべきだ。
③ 読書で教養をみがく。
④ 破損した部分をなおす。
⑤ 類似の品物があった。
⑥ 極端な方針をとる。

二 次の――線部のカタカナを漢字に直して答えなさい。

① チームを表すハタをつくった。
② ハワイ行きのコウクウ券を用意した。
③ アサいプールに入る。
④ 京都はいいフウケイだった。
⑤ 商品がアマる。
⑥ あの人は命のオンジンだ。

三 次に示す言葉の共通点を考え、その共通点を満たす言葉を考えて書きなさい。

① 心　話　涙
② 源　志　快い

四 次の各A・Bの文が同じ内容だと言えれば○を、同じ内容と言えなければ×を書きなさい。

① A 熱の通りをよくするために肉にフォークをさし、軽く塩こしょうをふる。
B 肉をフォークでさし、軽く塩こしょうをふると熱の通りがよくなる。

② A タンドリーチキンはヨーグルトと香辛(こうしん)料をつけこんだとり肉をくしにさし、タンドールとよばれるかまにつりさげて焼きます。
B タンドールというかまでヨーグルトと香辛料につけこんだものを、くしにさしたとり肉で焼いたものがタンドリーチキンです。

五 次の内容を使って、解答用紙にあるはがきを完成させなさい。

あて名　塩田　和希
あて先　郵便番号４２０－０９１１　静岡市葵区瀬名五丁目１４番１号
差出人　自分
差出人の住所　自分

六 次のそれぞれの言葉に近い意味のものをあとから二つずつ選び、それぞれ記号で答えなさい。

① 発展　② 実力　③ 重宝
ア 進歩　イ 腕前　ウ 技量　エ 有用　オ 便利　カ 向上

④ まゆをひそめる　⑤ けりがつく　⑥ 骨が折れる
ア 収拾　イ 決着　ウ 苦労　エ 不快　オ 困難　カ 心配

七　次の文章を読んで、あとの問いに答えなさい。
（本文中から書きぬく、ぬき出す問題は、すべて句読点を含みます。）

私たちの生活は漢語なくしては成り立ちません。［Ａ］、交通に関する話なら、自転車、自動車、電車、飛行機。政治に関することなら、首相、内閣、国会、選挙。①これらはみんな漢語です。明治以降、日本人はなだれのように入ってくる西洋文明の産物について、そのほぼすべてを漢語の形で表現する、という受け入れ方をしたからです。

漢語には、複数の漢字を連ねればすぐに新しい（注１）概念を表現できる、という長所があるので、外来の文化や思想を表現したいときにはとても重宝。それに対して日本固有の言葉である大和言葉は、いわば時間をかけて熟成されるタイプなので、翻訳の場面ではほとんど出番がありません。［Ｂ］、民主主義、自由経済といった②西洋発祥のことがらについて論じようとすると、いやでも漢語ばかり使うことになります。日本人の議論がなんとなく頭でっかちで硬い感じになりがちなのは、こんなところに原因があるのかもしれません。

そんな中、数少ない例外として輝きを放つ大和言葉が「おおやけ」です。「公共の」「国家の」という意味の「ｐｕｂｌｉｃ（パブリック）」という英語は、近代の国や社会のありようを考える際に柱となる大切な用語ですが、たいてい「おおやけの」と訳されます。大和言葉による③訳語が定着しているのです。ちなみにパブリックの対義語で「個人の」「私有の」を意味する「ｐｒｉｖａｔｅ（プライベート）」の訳は「［Ｘ］」で、これも大和言葉です。私たちはこの二つの概念については、日本固有の言葉、大和言葉を使って思いを巡らすことができるわけです。

［Ｃ］、なぜ、西洋社会との直接的な交わりをほとんど持たずに歴史を育んできた日本に、パブリックの受け皿となる「おおやけ」という言葉があったのか。実は。「おおやけ」のもともとの意味は「（注２）朝廷」です。たとえば古代の貴族は、朝廷に（注３）出仕して租税徴収などの仕事をおこない、いっぽうで自分の荘園からも年貢を取り立てて個人の収入にしていたので、④この二つをきちんと区別する言葉が必要でした。そんな状況で「おおやけ」「わたくし」という対の言葉が生まれたと考えられます。

その後、武士の時代になると、「おおやけ」は幕府を指すようになります。つまり、昔の人々にとっての「おおやけ」は「中央官庁」という程度の意味でした。西洋の「パブリック」よりもずっとせまい概念です。

しかし、おもしろいのはその語源です。「おお」は「大きい」という意味ですが、「やけ」とは何でしょう。名字によくある「みやけ」を思い出してください。漢字表記は「三宅」であることが多いはずです。「やけ」に「宅」の字が当てられていることでもわかるように、「やけ」とは家のことで、「おおやけ」の本来の意味は「大きな家」なのです。

これは、古代の朝廷の建物がほかの建造物より大きかったことを意味するだけで、それ以上の思想を読み取るのはまちがいでしょう。でも、私たちの心を大いに刺激してくれる語源です。「おおやけ」とは「大きな家」なんだ、と思うとき、私たちの心にうかぶのは、日本国民全体が一つの大きな家に住んでいる、というイメージ。［Ｄ］、世界中の人々が一つの大きな家で暮らしている図です。このイメージを心に持ちながら「おおやけ」という言葉を使えば、私たちは⑤より真剣に、そして他者への思いやりを失わずに、議論や（注４）思索をおこなえるように思います。

（高橋こうじ『日本の言葉の由来を愛おしむ―語源が伝える日本人の心―』）

注
1　概念：物事の意味内容やそれを表す言葉。
2　朝廷：天皇が政治をおこなう所。
3　出仕する：おおやけの仕事につくこと。宮中に勤めに出ること。
4　思索：すじみちを立てて考えをめぐらすこと。

問一　――①「これらはみんな漢語です」とありますが、教室の中にあるもので、漢語の名前がついているものを、一つ漢字で書きなさい。

問二　[A]～[D]にあてはまるものを次の中から一つずつ選び、記号で答えなさい。ただし、同じ記号を繰り返し使ってはいけません。

ア　だから　イ　たとえば　ウ　でも　エ　あるいは

問三　――②「西洋発祥のことがらについて論じようとすると、いやでも漢語ばかり使うことになります」とありますが、それはなぜか。その説明として、正しくないものを次の中から一つ選び、記号で答えなさい。

ア　日本人は激しい勢いで押しよせる西洋文明の産物のほとんどを漢語で表現して受け入れたから。
イ　漢語は、複数の漢字を組み合わせればすぐに新しいものごとを表現できる、という長所があるから。
ウ　日本人が時間をかけてしっかりとらえたことがらを表す大和言葉よりも、外来のものごとを表すのには漢語のほうが便利だから。
エ　大和言葉は伝達のやりとりに時間がかかるので、漢語よりもおとった言語だから。

問四　――③「訳語」と同じ内容を表す言葉を本文中から書きぬきなさい。

問五　[X]に入る言葉としてふさわしいものを次の中から選び、記号で答えなさい。

ア　個人の　イ　我の　ウ　わたくしの　エ　自分の

問六　――④「この二つをきちんと区別する言葉が必要でした」とありますが、「この二つ」とはそれぞれ何か、「おおやけ」に属するものと「わたくしに」属するものに分けてそれぞれ七字以内で書きなさい。

問七　――⑤「より真剣に、そして他者への思いやりを失わずに、議論や思索をおこなえる」とありますが、それはなぜですか。解答らんにあてはまるように三十字以内で書きなさい。

問八　大和言葉を説明したものとして正しいものを次の中から二つ選び、記号で答えなさい。

ア　近代の国や社会のありようを考えるときに使う言葉。
イ　人々の生活の中で、時間をかけて作られた言葉。
ウ　作られた由来を持ち、使うとそのイメージが心に浮かぶ言葉。
エ　西洋文明の産物について、翻訳の場面で使う言葉。
オ　カタカナで書かれる言葉。

八 次の文章を読んで、あとの問いに答えなさい。
（本文中から書きぬく、ぬき出す問題は、すべて句読点を含みます。）

著作権に関係する弊社の都合により
本文は省略いたします。

教英出版編集部

（湯本香樹実『春のオルガン』）

問一　A にあてはまる語を次の中から選び、記号で答えなさい。

ア　ぼんやりと　イ　ふつっと　ウ　がくっと　エ　はっと

問二　B にあてはまる語を次の中から選び、記号で答えなさい。

ア　やっぱり　イ　どうりで　ウ　たしかに　エ　きっと

問三　C にあてはまる語を次の中から選び、記号で答えなさい。

ア　すんなり　イ　ちっとも　ウ　すこしだけ　エ　なかなか

問四　――①「太陽の光がゆっくり体にしみこんでくる」に使われている表現技法を次の中から選び、記号で答えなさい。

ア　倒置法　イ　名詞止め　ウ　強調　エ　比ゆ

問五　――②「ますます背中をまるめた」とありますが、このときのおじいちゃんの気持ちとしてあてはまるものを次の中から選び、記号で答えなさい。

ア　オルガンを、そのままでは捨てることががまんできない。
イ　わたしの相手などしないで小さなネジ山ひとつに集中しよう。
ウ　たいへんな作業になるので姿勢に気を付けよう。
エ　オルガンをばらばらにする様子を見られるのが恥ずかしい。

問六　――③「何ひとつ無駄にしないように解体し、わけあう」ことに対して、わたしはどのように感じていますか、答えなさい。

問七　――④「こわれたオルガンなんかとはちがう」とありますが、何がこわれたオルガンとちがってどのようであるというのですか、説明しなさい。

問八　――⑤の「ほんとにどうでもいいかというと、よくわからない」とありますが、このときのわたしの心情として考えられるものを書きなさい。

六

④

①

⑤

②

⑥

③

POST CARD

五

①

②

うらに続く

七

問一

問二
A
B
C
D

問三

問四

問五

問六
おおやけ
わたくし

問七
「おおやけ」の語源を使うことで
から。

問八

令和３年度　　前期入学者選抜

学　力　検　査　問　題

算　数

注意

１．この問題用紙は、監督者(かんとくしゃ)の合図があるまで開いてはいけません。
２．検査時間は４５分です。
３．問題は４ページあります。どの問題から始めてもかまいません。
４．答えは、すべて解答らんにはっきり、ていねいに書いてください。
５．開始のチャイムが鳴ったら、解答用紙に受検番号、氏名を書いてから始めてください。
６．終了のチャイムと同時に筆記用具を置き、問題用紙を裏返し、監督者の指示に従ってください。

学校法人静岡理工科大学

静　岡　北　中　学　校

2 （1） 小数第３位を四捨五入すると，4.2 になる数のはんいを，以上，未満を使って表しなさい。

（2） 縦 0.6m，横 0.8m，高さ 0.5m の直方体の周りに，１辺10cm の立方体を積み重ねて，下の図のような囲（かこ）いを作ります。ただし，直方体の上面と底面は囲わないものとします。最も少ない個数で囲いを作るには１辺 10cm の立方体は何個必要でしょうか。

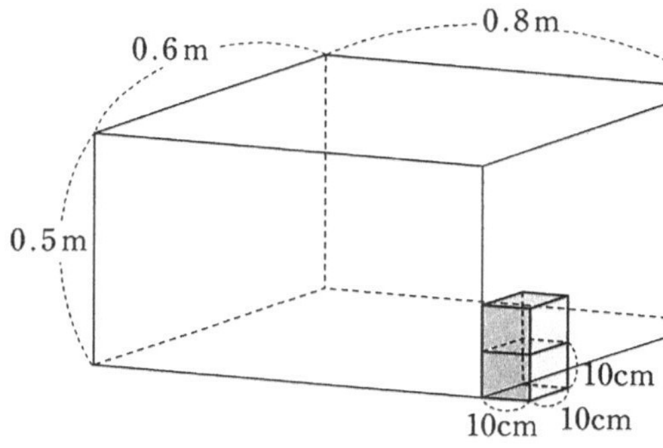

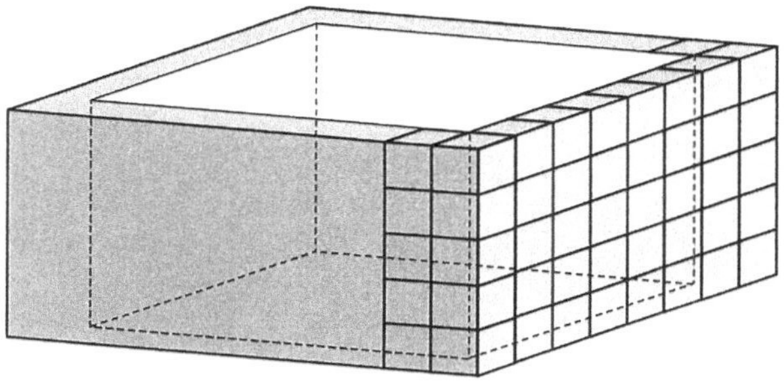

個

（3） あるイベントの今年の入場者総数は1300人で，入場者総数の65% が子どもでした。来年は子どもの入場者総数の割合は変わらないとし，今年よりも入場者総数が200人増えると想定した場合，来年の子どもの入場者総数の想定人数は何人になるか求めなさい。

3　下の表１は，静岡県の市町村の数の移り変わりをまとめた表です。表２は1978年から2018年の静岡県の住宅の戸数と人口と耕地面積*の資料です。次の問いに答えなさい。

＊耕地面積 … 耕して農作物を育てるために利用している土地の面積。

	昭和45年	平成15年	平成22年
市	18	21	23
町	51	49	12
村	7	4	0
計	76	74	35

表１

表１，２〔「統計センターしずおか」をもとに作成〕

	住宅戸数(戸)	人　口	耕地面積(ha)
1978年	970,300	3,388,000	103,000
1983年	1,050,600	3,514,000	97,400
1988年	1,145,300	3,623,000	92,600
1993年	1,248,000	3,684,000	85,800
1998年	1,388,100	3,709,000	79,900
2003年	1,487,300	3,726,000	76,400
2008年	1,597,900	3,716,000	72,600
2013年	1,659,300	3,672,000	69,200
2018年	1,714,700	3,582,000	65,300

表２

（１）　表１をもとにして，正しく述べられているものをすべて選びなさい。

①　平成22年は，昭和45年に比べ，市町村の合計は半分以上減った。

②　平成22年は，昭和45年に比べ，町や村の数は減ったが，市の数は増えた。

③　平成22年の市の数は，昭和45年の市の数のおよそ1.7倍になっている。

④　平成22年の町の数は，昭和45年の町の数のおよそ24%になっている。

（２）　表２の中で静岡県の人口が一番多かった年から2018年まで，人口は何人減少したか求めなさい。

人減少

4　次のグラフは，A 駅から D 駅までの電車の運行時間と進んだ道のりの関係を示したものです。

この電車は，A 駅，B 駅，C 駅，D 駅の順に各駅に停まります。A 駅から D 駅までの運行時間は 14 分です。次の問いに答えなさい。

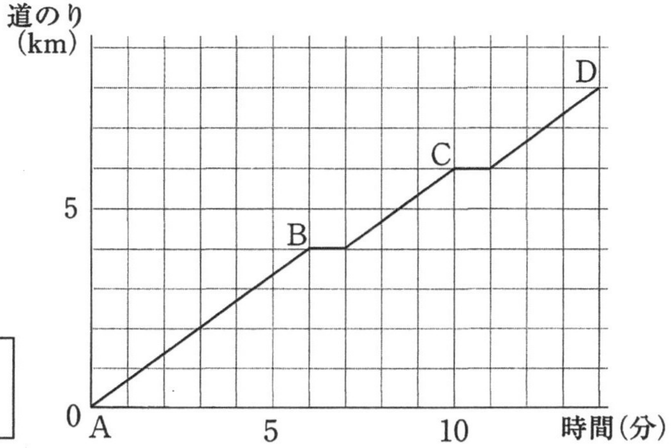

（1）　B 駅で停まっている時間は何分間か答えなさい。

分間

（2）　A 駅から B 駅まで動くときの電車は時速何 km か答えなさい。

時速　　　km

（3）　電車は A 駅と D 駅の間を往復します。A 駅と D 駅では，6 分間停車します。A 駅を 6 時20分に発車して再び A 駅に戻ってくる時刻を答えなさい。ただし，A 駅から D 駅までの運行時間と D 駅から A 駅までの運行時間は変わらないものとします。

時　　　分

（4）　運転手は，（3）の決まりに加えて，A駅とD駅を2往復するごとに，30分以上休みをとります。ある日，A駅から5時00分発の電車から運転したと考えて，その運転手は，最大で何往復電車を運転することができるか答えなさい。ただし，下の時刻表の通りに運行したとします。

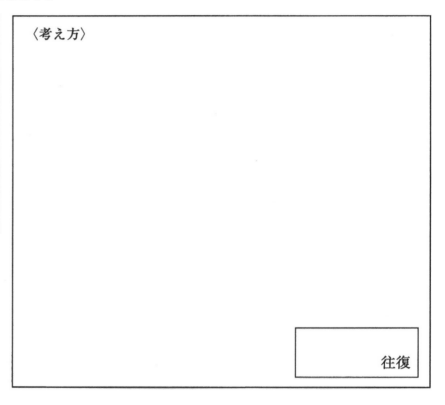

A駅→D駅	
5	00　20　40
6	00　20　40
7	00　20　40
8	00　20　40
9	00　20　40
10	00　20　40
11	00　20　40
12	00　20　40

D駅→A駅	
5	00　20　40
6	00　20　40
7	00　20　40
8	00　20　40
9	00　20　40
10	00　20　40
11	00　20　40
12	00　20　40

〈考え方〉

往復

ものをそれぞれ１つずつ選び，解答らんにA～Dを答えなさい。

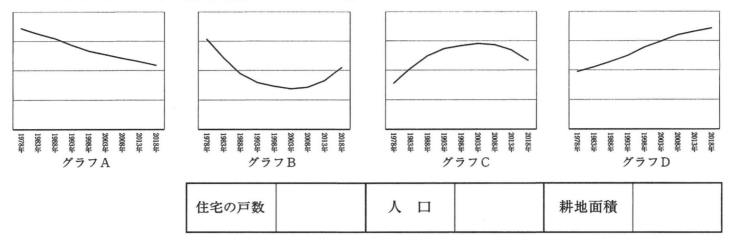

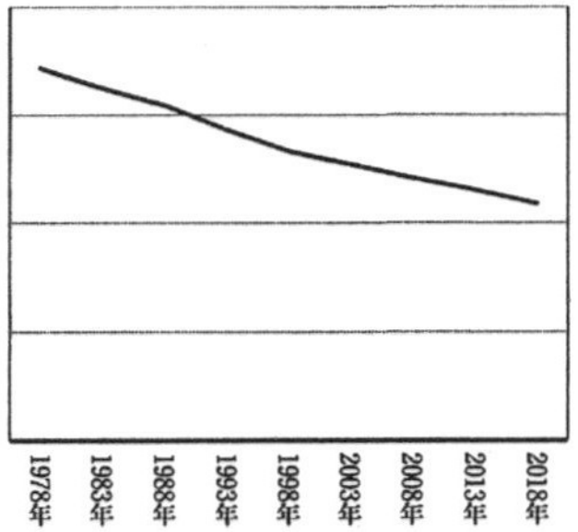

グラフA

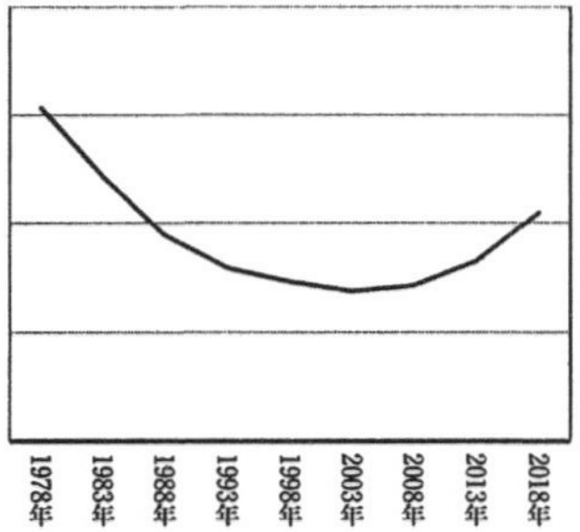

グラフB

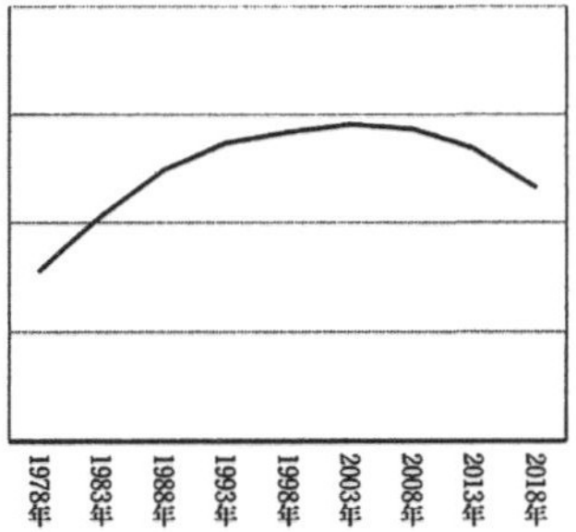

グラフC

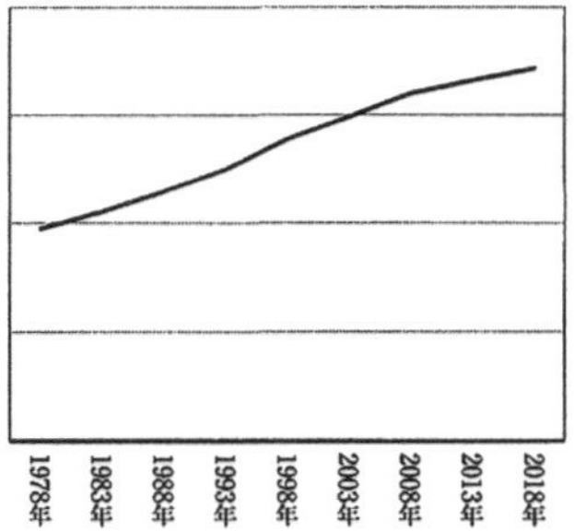

グラフD

住宅の戸数		**人　口**		**耕地面積**	

（４）　まさはる君は「人口の数が減っているのに住宅の戸数は増え続けているのはなぜだろうか。」と疑問を持ちました。あなたならその理由をどう説明しますか。また，その理由が正しいことを示すために，他にどのような資料があれば説明できるかも答えなさい。

理由の説明	
必要な資料	

人

（4） 2，3，4のカードを1枚ずつ使って3けたの整数をつくります。次の問いに答えなさい。

① 4番目に大きい数を答えなさい。

② つくることができる偶数の個数と奇数の個数の割合を比で表しなさい。

（5） 下の図の四角形ABCDはひし形である。台形AECDの面積を求めなさい。

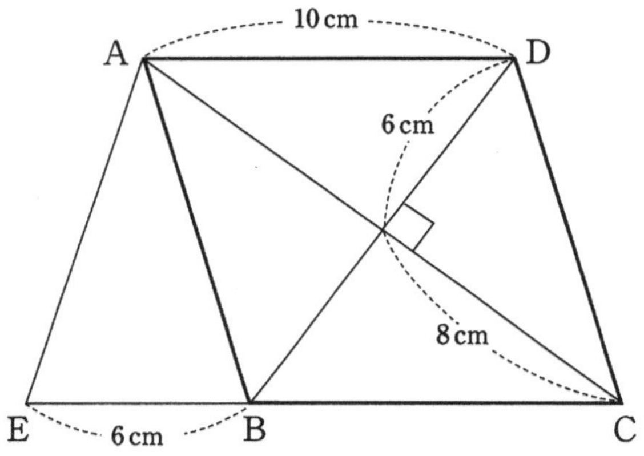

cm^2

受検番号		氏名		得点	

（配点非公表）

1 次の計算をしなさい。

（1） $5+4\times3-(1+2)$

（2） $0.6\times\frac{7}{6}\div\frac{7}{2}$

（3） $\frac{5}{6}+1-\frac{9}{10}$

（4） $2021\times\frac{13}{43}+\frac{30}{43}\times2021$

2021(R3) 静岡北中
教英出版

問四

問五

問六

問七

問八

令和三年度　前期入学者選抜　学力検査問題　国語　解答用紙　静岡北中学校

受検番号	
氏名	
得点	

（配点非公表）

一

①
②
③
④
⑤
⑥

二

①
②
③　い
④
⑤　る
⑥

三

①
②